uso

de la gramática española

elemental

Francisca Castro

edelsa

GRUPO DIDASCALIA, S.A.
Plaza Ciudad de Salta, 3 - 28043 MADRID - (ESPAÑA)
TEL.: (34) 914.165.511 - FAX: (34) 914.165.411

Primera edición: 1996
Primera reimpresión: 1998
Segunda reimpresión: 1998
Tercera reimpresión: 1998
Cuarta reimpresión: 1999
Quinta reimpresión: 2000
Sexta reimpresión: 2000
Séptima reimpresión: 2001
Octava reimpresión: 2002
Novena reimpresión: 2002
Décima reimpresión: 2003
Undécima reimpresión: 2004
Duodécima reimpresión: 2004
Decimotercera reimpresión: 2005
Decimocuarta reimpresión: 2006
Decimoquinta reimpresión: 2006

Dirección y coordinación editorial: Pilar Jiménez Gazapo.
Adjunta a dirección y coordinación editorial: Ana Calle Fernández.

Diseño de cubierta, maquetación, fotomecánica y fotocomposición:
Departamento de Imagen Edelsa Grupo Didascalia, S.A.
Director Departamento de Imagen y Producción: Rafael García-Gil.

Ilustraciones: Antonio Martín Esteban.
Filmación: Fotomecánica Kraus.
Impresión: Pimakius.

I.S.B.N.: 978-84-7711-133-7
Depósito legal: M-44517-2006
Impreso en España.
Printed in Spain.

La organización general de **Uso de la gramática española** es la del *syllabus* gramatical con el que los manuales de E.L.E. suelen articular la progresión del aprendizaje en sus diferentes niveles.

Su objetivo es dar a la gramática la importancia que tiene como medio para obtener competencia lingüística y, al tiempo, mayor confianza a la hora de comunicar.

Los 35 temas de **Uso de la gramática española** *-nivel elemental-* presentan toda la gramática necesaria para un primer año de español y la trabajan en una serie de ejercicios sistemáticos y graduados.

Cada tema tiene las siguientes partes:

Observe y **Forma**, que presentan los puntos gramaticales con ilustraciones y cuadros de los paradigmas. De este modo, fundamentalmente visual, se recibe una información global, clara y esquemática que servirá como elemento de consulta rápida en cualquier momento del aprendizaje.

Uso, que explica las reglas esenciales de funcionamiento de los puntos gramaticales en situación de comunicación cotidiana, con el apoyo de numerosos ejemplos.

Se ha procurado que el lenguaje esté al alcance de todos los posibles usuarios. Por tanto, se ha utilizado sólo la terminología lingüística imprescindible y las explicaciones son muy sencillas en el léxico y en la estructura.

Ejercicios, que reúnen las siguientes características:
- diseño que permite trabajar primero la forma y a continuación su uso en el contexto de la frase,
- gradación que va desde las actividades controladas hasta las de producción libre y semilibre en el interior de los temas,
- selección de vocabulario en función de la rentabilidad, la adecuación al nivel y el incremento gradual para su asimilación fácil y completa.

Uso de la gramática española se concibe como un material de trabajo activo, en el aula o en autoaprendizaje.

Como elementos que posibilitan la autonomía del aprendizaje, las páginas de ejercicios tienen espacios asignados para la autoevaluación: en el margen para la corrección de errores y a pie de página y a final de tema para el balance de aciertos.

Los iconos y indican ejercicios de práctica *libre* y *semilibre* respectivamente. Estos ejercicios no se incluyen en el número de aciertos de página y tema porque no tienen una solución fija.

Al final de la obra hay una serie de **Ejercicios complementarios -libres y semilibres- de expresión escrita** cuyo objetivo es que el aprendiz constate la competencia adquirida y desarrolle su creatividad.

La autora

USO

Índice

Tema	Pág.

elemental

NOMBRES y ADJETIVOS. CONCORDANCIA

Observe

forma

		GÉNERO	
		masculino	femenino
NÚMERO	singular	*el* gat**o** blanc**o**	*la* gat**a** blanc**a**
	plural	*los* gat**os** blanc**os**	*las* gat**as** blanc**as**
	singular	*el* profesor amable	*la* profesor**a** amable
	plural	*los* profesor**es** amabl**es**	*las* profesor**as** amables

···· USO ········

NOMBRES

• **Género**

1. Siempre son masculinos los nombres de personas y animales de sexo masculino y son femeninos los nombres de personas y animales de sexo femenino:

      masc.:   *el hombre, el caballo, el gato, el profesor*

      fem.:   *la mujer, la yegua, la gata, la profesora*

2. Generalmente, los nombres que terminan en **-o** son masculinos:

> *el cuaderno, el bolso, el libro*

>> Excepciones:
>> *la mano, la radio, la foto, la moto*

3. Generalmente, los nombres que terminan en **-a** son femeninos:

> *la ventana, la película, la casa*

>> Excepciones:
>> *el problema, el idioma, el tema, el sofá*

4. Los nombres que terminan en **consonante** o en **-e** pueden ser masculinos o femeninos:

> *el hotel, el lápiz, la nariz, el camión, la lección, el pie, la clase*

5. El artículo nos dice el género del nombre:

> **el** *cuaderno,* **el** *mapa,* **la** *ventana,* **la** *mano,* **los** *temas,* **las** *fotos*
> **un** *hombre,* **una** *mujer,* **unos** *días,* **unas** *motos*

6. Formación del femenino

> 1. Los masculinos que terminan en **-o**, la cambian por **-a**:
> > **el** *maestro* - **la** *maestra*

> 2. Los nombres que terminan en consonante añaden **-a**:
> > **el** *profesor* - **la** *profesora*

• Número

Formación del plural

> 1. Los nombres que terminan en vocal no acentuada añaden **-s**:
> > *la mesa* - *las mesas*

> 2. Los nombres que terminan en consonante o vocal acentuada añaden **-es**:
> > *el papel* - *los papeles*
> > *el rubí* - *los rubíes*

>> Excepciones:
>> *el café - los cafés, el sofá - los sofás, el papá - los papás*

ADJETIVOS

1. Los adjetivos concuerdan en género y número con el nombre al que acompañan:

> **el** *gato (es) blanco*
> **la** *gata (es) blanca*

los gatos (son) blancos
las gatas (son) blancas

2. Formación del femenino

1. Se les añade una **-a** a los adjetivos de nacionalidad y a los que terminan en **-an**, **-on** y **-or**:

español - española, campeón - campeona, hablador - habladora

2. Son iguales en masculino y femenino:
- los adjetivos que terminan en otras consonantes o en **-e**:

amigo amable - amiga amable, hombre capaz - mujer capaz
- los adjetivos de nacionalidad que terminan en **-a** o en **-í**:

el chocolate belga - la película belga,
el sillón marroquí - la casa marroquí

ejercicios

correcciones

1. Coloque primero el artículo en singular. Luego forme el plural del artículo y el nombre.

Ej.: *la mesa (f.) las mesas*

el coche	los coches	___ habitación		
el profesor	los profesores	la niña	las niñas	
el médico	los medicos	el libro	los libros	
el hombre	los hombres	el cuaderno	los cuadernos	
el/la mano	las manos	la mujer	las mujeres	
el hotel	los hoteles	la turista	las turistas	
la foto	las fotos	el autobús	los autobús	
el tren	los trens	el/la radio	las radios	

2. Complete el cuadro.

País	Nacionalidad	
	masculino	femenino
Ej.: 1. Grecia	*griego*	*griega*
2. Portugal	portugués	portugu
3. Corea	corean	coreana
4. Marruecos	marroquí	marroquí
5. Francia		francesa
6. Italia	italiano	italiana
7. China	chino	chin
8. Noruega	Noruega	noruega
9. Alemania	alemán	alemana
10. Estados Unidos	estadounidense	
11. Japón	japonés	

aciertos___ / 26

3. Ponga al lado de cada nombre uno de estos adjetivos.

estrechos	caliente	grande	fría		
naturales	ligera	negros	viejas	dura	

Ej.: *1. La cerveza, fría*

2. Las camisas,   *viejas*
3. El café,   *grande caliente*
4. Los zapatos,   *negros*
5. La carne,   *dura*
6. Los pantalones,   *estrechos*
7. El coche,   *grande*
8. Las flores,   *naturales*
9. La moto,   *dura*

4. Escriba estas frases en plural.

Ej.: *1. El tomate es bueno. Los tomates son buenos.*

2. Mi hijo es pequeño.   *mis hijos son pequeños*
3. El autobús es más barato.   *los autobús son más baratos*
4. El taxi es más caro.   *los taxis son más caros*
5. La niña es inteligente.   *las niñas son inteligentes*
6. El profesor es argentino.   *los profesores son argentinos*
7. Mi gato es negro.   *mis gatos son negros*
8. La máquina es nueva.   *las maquinas son nuevas*
9. El sofá es moderno.   *los sofás son modernos*
10. El paraguas es muy antiguo.   *los paraguas son muy antiguos*

5. Escriba el adjetivo de nacionalidad correspondiente.

Ej.: *1. Gina es (de Italia) = italiana*

2. Wolfgang y Renate son (de Alemania) = *Alemáns*
3. José y Manuel son (de España) = *Españoles*
4. Kioko es (de Japón) = *japonés*
5. Mohamed es (de Marruecos) = *Marroqui*
6. Françoise y Liliane son (de Francia) = *franceses*
7. John es (de Estados Unidos) = *estadounidense*
8. Francesco e Isabella son (de Italia) = *italianos*

aciertos___ / 24

Tema 1. Puntuación total ___ / 50

VERBO SER: PRESENTE

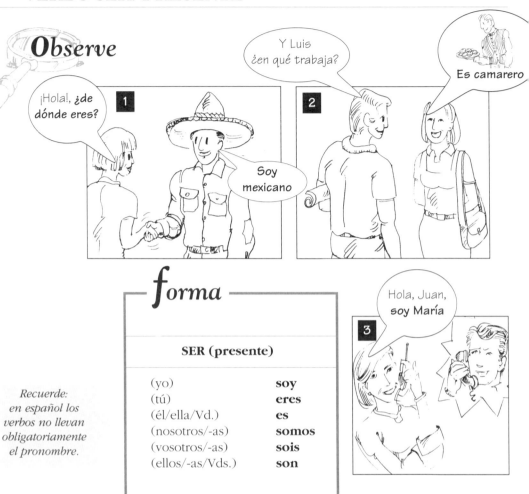

Observe

¡Hola!, ¿de dónde eres?

1

Soy mexicano

Y Luis ¿en qué trabaja?

2

Es camarero

forma

SER (presente)

(yo)	**soy**
(tú)	**eres**
(él/ella/Vd.)	**es**
(nosotros/-as)	**somos**
(vosotros/-as)	**sois**
(ellos/-as/Vds.)	**son**

Recuerde: en español los verbos no llevan obligatoriamente el pronombre.

Hola, Juan, soy María

3

··· USO ···

1. Identificar una persona o cosa:
> *Ésta* **es Rosa** *y éste* **es Paco**.
>
>> A. ¿**Qué es** *este edificio?*
>> B. **Es un museo**.

2. Profesión:
> *Daniel* **es médico**.

3. Nacionalidad / origen:
> *Pilar* **es española**; **es de Granada**.

4. Describir personas y cosas:
> *Mi padre* **es alto y moreno**.
> *La clase de Biología* **es muy interesante**.

5. Posesión:
> *Las llaves* **son de Manolo**.

ejercicios

correcciones

1. Forme frases con el verbo SER.

Ej.: *1. Yo / estudiante <u>Yo soy estudiante.</u>*

2. Ellos / periodista — *Ellos son periodista*
3. María / diseñador — *maría es disenadora*
4. Elena / profesor — *Elena es profesora*
5. Juanjo / cocinero — *Yuanjo es cocinero*
6. Nosotros / médico — *nosotros somos médico*
7. ¿Vd. / fontanero? — *Vd es fontanero ?*
8. ¿Tú / cantante? — *Tú eres cantante,*
9. ¿Vosotros / diplomático? — *Vosotros sois diplomaticos*
10. Yo / asistente social — *Yo soy asistente social*
11. Ana Mª / abogado — *Ana M es abogada*

2. Complete las frases con el verbo SER en la forma adecuada.

Ej.: *1. Mis padres son alemanes, pero yo <u>soy</u> español.*

2. Jorge y Montse ......*son*........... de Barcelona.
3. A. ¿De dónde ......*sois*...... vosotros?
   B. ......*somos*...... argentinos.
4. Montse ......*es*...... alta y morena; Jorge .... rubio.
5. Este coche .... nuevo, pero no funciona.
6. A. ¿Tu madre .... rubia?
   B. No, ... morena, como yo.
7. Mis hermanos .... muy inteligentes.
8. Nosotras .... gallegas.
9. Maribel .... peluquera, trabaja cerca de aquí.
10. Mi piso .... pequeño, pero la cocina ....
    bastante grande.
11. Yo .... de Madrid y .... taxista.
12. A. ¿........................... (tú) española?
    B. No, ... mexicana.
13. Los padres de mi novia .... ricos.
14. Mi novia .... azafata.

3. Complete las frases con el verbo SER + profesión.

<u>abogados</u>	enfermera	médicos	profesor
peluquera	estudiantes	camarero	secretaria

Ej.: *1. Mis dos hermanos mayores <u>son abogados.</u>*

2. Ana .... y trabaja en una oficina de exportación.
3. Juan trabaja en un bar, ...
4. Isabel, Antonio y María trabajan en un hospital, Isabel ....
   .... y Antonio y María ....

5. A. ¿Vosotros ....?
    B. Sí, estudiamos en la Universidad Autónoma.
6. Mi amiga Nieves ....

4. Complete con el verbo SER.

Ej.: *1. Los diamantes son caros.*

2. Canadá .... un país.
3. Todos los gatos no .... negros.
4. Mi hermana .... joven.
5. Mi bolso .... rojo.
6. Ésa .... mi madre.
7. El boxeo .... un deporte violento.
8. ¿Tú .... de aquí?
9. ¿Juan y Ana .... solteros?
10. Esta calle .... muy larga.
11. Hoy .... domingo.
12. Yo no .... rica.
13. ¿Vosotros .... españoles?
14. Nosotros no .... estudiantes.
15. Mi piso .... pequeño.
16. ¿Vd. .... española?
17. ¿Vds. .... extranjeros?
18. ¿Vosotros .... catalanes?
19. Ellos .... electricistas.
20. Ana Mª no .... profesora.
21. Yo .... optimista.

5. Ordene las frases siguientes.

Ej.: *1. clase / es / la / pequeña*
     La clase es pequeña.

2 españoles / no / nosotros / somos
   ....
3. mexicanos / mis / son / abuelos
   ....
4. azul / es / habitación / mi
   ....
5. cubano / es / y / Violeta / Rubén / chilena
   ....
6. no / jóvenes / ellos / son
   ....
7. estudiante / mi / es / hermana
   ....
8. ¿eres / Ángel / tú / dónde / de?
   ....

9. todas / son / verduras / las / buenas

....

10. muy / tío / es / guapo / tu.

....

aciertos__ / 2

6. Describa diez cosas que tenga cerca o que imagine diciendo sus colores.

azul	marrón	verde	rojo
amarillo	blanco	negro	rosa

Ej.:   *1. Las sillas son marrones.*

2. ....
3. ....
4. ....
5. ....
6. ....
7. ....
8. ....
9. ....
10. ....

Tema 2. Puntuación total __ / 65

ESTAR / HAY

ESTAR

Observe

1 ¿Dónde están las llaves?

Están en la mesa.

2 BANCO CERRADO

El banco **está** cerrado.

forma

ESTAR (Presente)
(yo) **estoy**
(tú) **estás**
(él/ella/Vd.) **está**
(nosotros/-as) **estamos**
(vosotros/-as) **estáis**
(ellos/-as/Vds.) **están**

3

Carlos **está** enfermo.

USO

1. Lugar:

Las llaves **están en la mesa**.
¿ **Está** *tu madre* **en casa** *?*

2. Condición o estado variable:

Carlos **está enfermo**.
Mi marido ahora **está más delgado**.
Tu habitación **está sucia**.

HAY

Observe

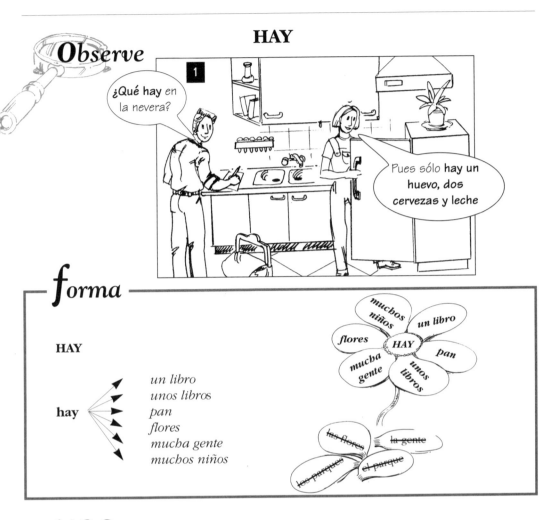

¿Qué hay en la nevera?

Pues sólo hay un huevo, dos cervezas y leche

forma

HAY

hay
- un libro
- unos libros
- pan
- flores
- mucha gente
- muchos niños

muchos niños · un libro · flores · HAY · pan · mucha gente · unos libros

~~las flores~~ · ~~la gente~~ · ~~los parques~~ · ~~el parque~~

USO

1. Para hablar de la existencia o no de personas, animales, lugares, objetos:

> ¿**Hay alguna farmacia** por aquí cerca?
> Si quieres tomar algo, **hay cervezas** en la nevera.
> **No hay leche** para todos.
> Mira, allí **hay un cajero automático**.

2. Con **hay**, a los nombres nunca les pueden acompañar los artículos **el/la/los/las**:

> En mi barrio **hay** ~~el~~ **parque**.
> En mi barrio **hay** ~~los~~ **parques**.

HAY / ESTAR

Con **hay**, a los nombres nunca les pueden acompañar los posesivos **(mi/mis, tu/tus, su/sus, nuestro/-a/-os/-as, vuestro/a/-os/-as)**: con **estar**, sí.

> ~~¿Hay mi amiga?~~ (incorrecto)
> **¿Está mi amiga?** (correcto)

1. Complete con la persona correcta del verbo ESTAR.

Ej.: *1. Yo estoy.*

2. Vds. ....
3. Vd. y yo ....
4. Ella ....
5. Vosotros ....
6. Nosotros ....
7. Él ....
8. Tú ....
9. Ricardo y yo ....
10. Vd. ....
11. Tu hermana y tú ....
12. Ellos y yo ....
13. Mi madre y Loli ....
14. Él y nosotros ....

2. Complete con el verbo ESTAR (lugar).

Ej.: *1. Oye, ¿dónde está mi abrigo?*

2. Los domingos, normalmente (yo) .... en casa.
3. Ana, ¿dónde .... mis llaves?
4. ¿ .... Juan en casa?
5. Los niños .... en la habitación.
6. ¿Vd. .... siempre aquí?
7. El gato .... detrás de la puerta.
8. ¡Julio! ¿dónde .... (tú)? ¡Ven aquí, por favor!
9. Tus pantalones negros no .... en el armario.

3. Complete con el verbo ESTAR (estado).

Ej.: *1. ¿Estás (tú) contento con tu trabajo?*

2. .... muy cansada, no puedo más.
3. Los niños .... muy delgados, no comen nada.
4. La nevera .... vacía.
5. Ana .... preocupada porque su padre ....
   enfermo.
6. ¿Vosotros .... bien?
7. Ya .... (nosotros) hartos de esperar.
8. Esa mesa .... llena de papeles.
9. ¿........................ (tú) seguro?

4. Siga el modelo.

Ej.: *1. libros / esta biblioteca*
        ¿Cuántos libros hay en esta biblioteca?

2. Turistas americanos / este hotel

....

3. Cines / tu ciudad

....

4. Alumnos / clase

....

5. Museos / Madrid

....

6. Cervezas / nevera

....

7. Gente / casa

....

8. Personas / aquí

....

5. Forme frases con un elemento de cada columna.

¿Están	flores	en la estantería?
¿Hay	los libros	en el jarrón?
¿Está	mi madre	para todos?
	niños	en la clase?
	comida	en tu armario?
	algún ordenador	en ese parque?
	mis pantalones	cerca de aquí?
	la biblioteca	en tu casa?

6. Complete las frases con HAY / ESTÁ / ESTÁN.

> Ej.: *1. ¿Dónde están mis llaves?*
> *2. No hay dinero para el pan.*

3. A. Perdone, ¿.................. un banco por aquí cerca?
    B. Sí, sí, ... uno en la calle Mayor.
4. Al lado de mi casa .... un supermercado nuevo.
5. A. Por favor, ¿dónde .... los servicios?
    B. .... al fondo del pasillo, a la derecha.
6. Mañana no .... clase, es fiesta.
7. El teléfono .... allí, al lado de la televisión.
8. A. ¿.................. Juan en casa?
9. En la cocina sólo .... dos armarios de cocina, la nevera, una mesa y dos sillas.
10. A. ¿Y las niñas?
    B. .... en su habitación.
11. ¿.................. naranjas para zumo?
12. ¿Dónde .... el taller de coches de Pepe?
13. ¿Dónde .... un garaje?

aciertos__ / 28

Tema 3. Puntuación total __ / 58

POSESIVOS

ADJETIVOS POSESIVOS

Observe

1-a

¡Hola, Ana! ¿está **tu padre**?

No, señora

¿Y **tu madre**?

1-b

No, tampoco, **mis padres** están en el supermercado

Mi padre es abogado y **mi madre** periodista

2

Pues **nuestra madre** es escritora

forma

ADJETIVOS POSESIVOS

Un poseedor		Varios poseedores	
Singular	Plural	Singular	Plural
mi (vaso, copa)	**mis** (vasos, copas)	**nuestro** (vaso) **nuestra** (copa)	**nuestros** (vasos) **nuestras** (copas)
tu (vaso, copa)	**tus** (vasos, copas)	**vuestro** (vaso) **vuestra** (copa)	**vuestros** (vasos) **vuestras** (copas)
su (vaso, copa)	**sus** (vasos, copas)	**su** (vaso, copa)	**sus** (vasos, copas)

···· USO ··

Los adjetivos posesivos van delante del nombre y concuerdan en género y número con la cosa poseída, no con el poseedor:

> ¿ **Tu marido** es profesor ?
> ¿ **Vuestra madre** vive con vosotros ?
> No me gustan **tus bromas** .

PRONOMBRES POSESIVOS

Observe

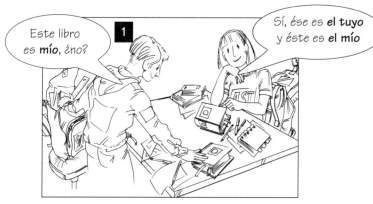

Este libro es **mío**, ¿no?

1

Sí, ése es **el tuyo** y éste es **el mío**

forma

PRONOMBRES POSESIVOS

Un poseedor		Varios poseedores	
Singular	Plural	Singular	Plural
(el) mío	(los) míos	(el) nuestro	(los) nuestros
(la) mía	(las) mías	(la) nuestra	(las) nuestras
(el) tuyo	(los) tuyos	(el) vuestro	(los) vuestros
(la) tuya	(las) tuyas	(la) vuestra	(las) vuestras
(el) suyo	(los) suyos	(el) suyo	(los) suyos
(la) suya	(las) suyas	(la) suya	(las) suyas

···· USO ··

1. Los pronombres posesivos nunca van delante del nombre y concuerdan con la cosa poseída en género y número. Pueden ir con artículo **(el, la, los, las)** o sin él:

> ¡Ven aquí, **hijo mío**!
> **Una prima mía** está casada con un australiano.
> ¿Este libro es **mío** o **tuyo**?
> Esta taza es **la mía**, ¿dónde está **la tuya**?

ejercicios

1. Siga el modelo.

Ej.: 1. (Yo) / libro Es _mi_ libro; _es_ mío.

2. (Tú) / gafas ....
3. (Ella) / falda ....
4. (Juan) / cartera ....
6. (Vd.) / pasaporte ....
7. (Tú) / radio ....
8. (Yo) / mesa ....
9. (Vd.) / hija ....
10. (Ella) / reloj ....
11. (Yo) / amigos ....
12. (Él) / padres ....
13. (Vd.) / vacaciones ....

2. Haga lo mismo con varios poseedores.

Ej.: 1. (Nosotros) / discos
Son _nuestros_ discos; los discos son _nuestros_.

2. (Vosotros) / coche ....
3. (Ellos) / moto ....
4. (Nosotras) / amigos ....
5. (Vosotras) / pueblo ....
6. (Vosotros) / hijos ....
7. (Nosotros) / país ....
8. (Ellos) / casa ....
9. (Ellos) / ordenadores ....
10. (Nosotros) / trabajo ....

3. Complete el cuadro con VUESTRO,-A,-OS,-AS / SU,-S :

	(vosotros)	(ustedes)	
Ej.: 1. ¿Cómo está	_vuestro_	_su_	padre?
2. ¿Cómo están	....	....	abuelos?
3. ¿Cómo está	....	....	madre?
4. ¿Cómo están	....	....	hijas?
5. ¿Cómo están	....	....	hermanos?
6. ¿Cómo está	....	....	hijo?

4. Siga el ejemplo.

Ej.: 1. Yo tengo un perro muy viejo. _Mi perro es muy viejo_.

2. ¿Tenéis un coche rojo?...
3. Tenéis un jardín muy grande. ....
4. Tienes un profesor muy simpático. ....
5. Ella tiene una pulsera de oro. ....

_aciertos___ / 34_

6. Tenemos unos hijos muy guapos. ....
7. ¿Tienes una máquina de fotos japonesa? ....
8. Tenemos una piscina nueva. ....
9. Tienen una cocina muy moderna. ....

5. Complete con MI, MIS / TU, TUS / SU, SUS.

Ej.: *1. A mí me gusta mi trabajo.*

2. Ana está casada. .... marido trabaja en un banco.
3. ¿Tú vives con .... padres?
4. ¿Ellos viven aún con .... padres?
5. Juan es médico y .... mujer, también.
6. Voy a invitar a todos .... amigos a la fiesta.
7. Gracias por .... regalo.
8. Sra. Colón, ¿dónde está .... hijo?
9. Tengo dos hermanas y viven con .... padres.
10. Todos los padres quieren a .... hijos.
11. Sr. Izquierdo, ... esposa al teléfono.
12. Yo te di el dinero y tú lo pusiste en .... monedero.
13. Hola, Sr. Castro, ¿qué tal están .... hijos?

6. Complete con NUESTRO,-A,-OS,-AS / VUESTRO,-A,-OS,-AS.

Ej.: *1. Teresa y yo somos hermanas, vivimos con nuestra madre.*

2. Hola, chicos, ¿qué tal?, ¿cómo están .... padres?
3. A mi marido y a mí nos gusta .... país.
4. ¡A ver, María y Rosa, recoged .... juguetes!
5. ¿Es bonito .... pueblo?
6. No señor, este perro no es .... ; es del vecino.
7. .... casa es más grande que la ....
8. ¿A .... hijos les gusta leer?
9. .... problema principal es el dinero, ganamos poco.

7. Subraye la forma adecuada.

Ej.: *1. ¿Dónde están mías / mis gafas?*

2. Éste es *mío / mi* padre.
3. ¿Cómo están *suyos / sus* hijos, Sr. López?
4. ¿Estos calcetines son *tuyos / tus*?
5. Este reloj no es *mío / mi*, es *tuyo / tu*.
6. A. ¿De quién es este coche?
   B. Es *mío / mi*.
7. María, ¿dónde están *míos / mis* guantes?
8. A. María, ¿de quién es esta chaqueta?
   B. *Tuya / tu*.
9. La *mía / mi* es más bonita que la *tuya / tu*.

Tema 4. Puntuación total ___ / 69

aciertos ___ / 35

VERBOS EN PRESENTE: REGULARES

Observe

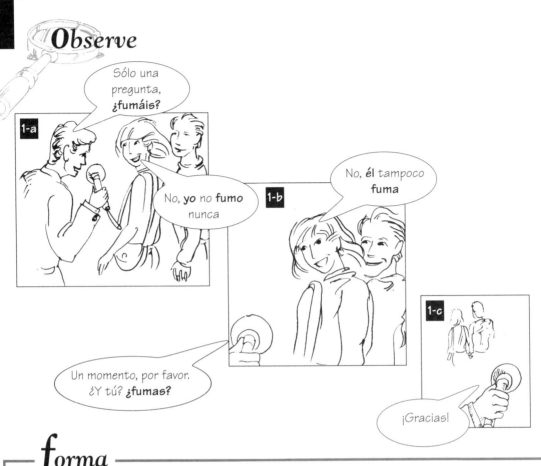

forma

En español hay tres grupos de verbos, según la terminación del Infinitivo: **-ar, -er, -ir**.

1ª conjugación (-ar):	*trabaj ar*
2ª conjugación (-er):	*beb er*
3ª conjugación (-ir):	*viv ir*

VERBOS REGULARES: PRESENTE

1ª conjugación (-ar)		**2ª conjugación (-er)**		**3ª conjugación (-ir)**	
(yo)	trabaj-**o**	(yo)	beb-**o**	(yo)	viv-**o**
(tú)	trabaj-**as**	(tú)	beb-**es**	(tú)	viv-**es**
(él/ella/Vd.)	trabaj-**a**	(él/ella/Vd.)	beb-**e**	(él/ella/Vd.)	viv-**e**
(nosotros/-as)	trabaj-**amos**	(nosotros/-as)	beb-**emos**	(nosotros/-as)	viv-**imos**
(vosotros/-as)	trabaj-**áis**	(vosotros/-as)	beb-**éis**	(vosotros/-as)	viv-**ís**
(ellos/-as/Vds.)	trabaj-**an**	(ellos/-as/Vds.)	beb-**en**	(ellos/-as/Vds.)	viv-**en**

···· USO ··

1. El Presente se usa para hablar de verdades generales, definiciones, informaciones:

> *El banco **abre** a las 8.30.*
> *Dos y dos **suman** cuatro.*
> *Yo **vivo** en Madrid.*

2. Para hablar de cosas que hacemos habitualmente, o con cierta frecuencia:

> *En mi casa **comemos** a las 3.*
> *Los sábados también **trabajo**.*

3. Para dar instrucciones:

> *Para hablar por teléfono, primero **levantas** el auricular, luego **metes** la moneda o la tarjeta.*

4. Para hablar del futuro:

> *En junio **termino** el curso.*

ejercicios

1. Complete las frases con la forma correcta del verbo.

Ej.: *1. ¿Dónde <u>vives</u>? (vivir, tú)*

2. ¿Dónde ....? *(trabajar, tú)*
3. Yo no .... muy bien español. *(hablar)*
4. Nosotros no .... ¿vosotros ....? *(bailar)*
5. Yo .... inglés. *(estudiar)*
6. La niñas .... muy bien *(cantar)*
7. ¿........................ normalmente música "*disco*"? *(escuchar, vosotros)*
8. Mis padres .... en Ohio. *(vivir)*. ¿Dónde ....
   los tuyos? *(vivir)*
9. ¿Vd. .... aquí? *(trabajar)*
10. Nosotras siempre .... en un restaurante. *(comer)*
11. ¿Verdad que vosotras no .... la televisión todos los
    días? *(ver)*
12. ¿........................... francés? *(hablar, Vd.)*
13. ¿Vds. ya .... bien español? *(hablar)*
14. Mi hija .... en verano de 8 a 15. *(trabajar)*
15. Las tiendas no .... hasta las 9. *(abrir)*
16. María .... muchas cartas a su familia. *(escribir)*
17. ¿(Vd.) .... poesía desde niño? *(escribir)*
18. Los niños nunca .... beber alcohol. *(deber)*
19. ¿ .... mucho? *(trabajar vosotros)*
20. Todos los días después de la clase, Tomás .... la
    lección y .... los ejercicios. *(estudiar, repasar)*

aciertos___ / 22

2. Complete las frases con un verbo del recuadro en presente

vender	<u>estudiar</u>	bailar	comer	cambiar
leer	entrar	practicar	mirar	vivir

Ej.: *1. ¿(Ellos) <u>estudian</u> en la Universidad?*

2. ¿(Vd.) .... flamenco?
3. Mi jefe .... poco de coche.
4. Ellos siempre .... barato.
5. ¿A qué hora .... en clase (tú)?
6. ¿Qué .... (vosotros)?
7. ¿Vd. .... algún deporte?
8. Yo .... solo.
9. Mis hijos .... mucho.
10. Los domingos nosotros siempre .... el periódico.

3. En las frases siguientes diga si se expresan instrucciones, futuro o acciones habituales.

Ej.: *1. Pepe viene a verme todas las tardes.*
     <u>Acción habitual</u>

2. Los domingos comemos en un restaurante.
....
3. El jueves no hay clase, es fiesta.
....
4. Para ir al cine coge Vd. la segunda a la derecha.
....
5. Ellos no leen ningún periódico.
....
6. Mañana canta Plácido en el Palacio de la Música.
....

aciertos__ / 14

4. Relacione la información de los dos recuadros y escriba un párrafo sobre Pablo.

1. Pablo	a. en el Instituto.
2. Trabaja	b. casado.
3. Está	c. es profesor de dibujo.
4. Vive en	d. cenan con sus amigos.
5. Todos los días come	e. la calle Mayor, 14.
6. Su mujer	f. trabaja en un hospital.
7. Elena	g. se llama Elena.
8. Los sábados	h. en un Instituto de Secundaria.

Ej.:   *1. ------- c*

2. ....
3. ....
4. ....
5. ....
6. ....
7. ....
8. ....

Ej.: *Pablo es profesor de dibujo,* ....
....
....
....
....
....
....
....

aciertos___ / 7

Tema 5. Puntuación total ___ / 43

VERBOS EN PRESENTE: IRREGULARES

Observe

¡Uf!, no **sé** dónde poner las cosas

¿Y esto dónde lo **pongo**?

¡Marta! ¿**puedes** venir?

Lo **siento** cariño, ahora no **puedo**

forma

Hay varios tipos de **VERBOS IRREGULARES**:

1. Por cambios de vocales:

I **e > ie** *querer*	II **o > ue** *poder*	III **e > i** *pedir*	IV **u > ue** *jugar*
qu **ie** ro	p **ue** do	p **i** do	j **ue** go
qu **ie** res	p **ue** des	p **i** des	j **ue** gas
qu **ie** re	p **ue** de	p **i** de	j **ue** ga
queremos	podemos	pedimos	jugamos
queréis	podéis	pedís	jugáis
qu **ie** ren	p **ue** den	p **i** den	j **ue** gan

Ejemplos:
I. *querer, cerrar, comenzar, empezar, entender, perder, pensar, regar, merendar*
II. *poder, encontrar, volver, dormir, sonar, costar, recordar*
III. *pedir, servir*

2. Con irregularidad o modificación ortográfica sólo en la primera persona:

Ejemplos:
coger: **cojo** coges coge cogemos cogéis cogen
conocer: **conozco** conoces conoce conocemos conocéis conocen
dar: **doy** das da damos dais dan
hacer: **hago** haces hace hacemos hacéis hacen
poner: **pongo** pones pone ponemos ponéis ponen

traer: **traigo** traes trae traemos traéis traen
saber: **sé** sabes sabe sabemos sabéis saben
salir: **salgo** sales sale salimos salís salen

3. Con más de una irregularidad o modificación ortográfica:

Ejemplos:
decir: **digo dices dice** decimos decís **dicen**
oír: **oigo oyes oye** oímos oís **oyen**
tener: **tengo tienes tiene** tenemos tenéis **tienen**
venir: **vengo vienes viene** venimos venís **vienen**

4. Irregulares totalmente:

Ejemplo:
ir: **voy vas va vamos vais van**

··· USO ···

Recuerde el tema 5.

1. Hablar de verdades generales, definiciones, informaciones:
       *Yo no **sé** hablar francés.*
       *Los bancos **cierran** a las dos.*
       *Dos y dos **son** cuatro.*

2. Hablar de cosas habituales:
       *Los domingos nunca **vamos** al cine.*

3. Dar instrucciones:
       *Para ir a casa de Pedro, **coges** primero la calle Mayor y **sigues** hasta una plaza.*

4. Hablar del futuro:
       *Mañana **salgo** antes.*

---

ejercicios

correcciones

1. Complete la tabla.

	YO	ÉL / ELLA / USTED
Ej.: 1. SALIR	*salgo*	*sale*
2. VOLVER	....	....
3. IR	....	....

aciertos___ / 2

	YO	ÉL / ELLA / USTED
4. VENIR	....	....
5. EMPEZAR	....	....
6. CERRAR	....	....
7. PODER	....	....
8. ENTENDER	....	....
9. PONER	....	....
10. COGER	....	....

2. Forme frases con estos elementos.

Ej.: *1. Mi amigo / hacer / la comida*
Mi amigo hace la comida.

2. (Yo) no encontrar / el coche

....

3. Yo / no saber / tocar el piano

....

4. Mª Dolores / ir al trabajo / en autobús

....

5. Sus abuelos / venir / mañana

....

6. (Yo) nunca / poner / la tele

....

7. Mis alumnos / no entender / algunas cosas

....

8. ¿Tú / entender / algo?

....

9. ¿Vosotros / entender / la gramática?

....

10. Yo / no conocer / a esa cantante

....

11. ¿Tú / recordar / esa canción?

....

12. ¿(Tú) poder abrir / la ventana?

....

3. Complete las frases con el verbo en la forma correspondiente.

Ej.: *1. ¿A qué hora (salir, tú) sales de casa?*
¿Y a qué hora (volver, tú) vuelves?

2. A. ¿*(venir, tú)* .... a mi casa?
   B. Lo siento, no *(poder)* ...., tengo que hacer
      unas compras.
3. ¿A qué hora *(llegar)* .... el tren de Sevilla?
4. A. ¿Cómo *(venir, tú)* .... a clase?
   B. *(coger, yo)* .... el autobús hasta la calle Mayor

aciertos___ / 24

y luego, *(venir, yo)* .... andando.
5. A. ¿Vosotros también *(venir)* .... en el 16?
    B. No, *(venir, nos.)* .... en metro; *(coger)*
       .... la línea 5 en Puerta de Toledo y *(bajar)*
       .... en la tercera estación.
6. A. Por favor, ¿la calle Mayor?
    B. Sí, está muy cerca, *(seguir, Vd.)* .... todo
       recto y luego *(coger, Vd.)* .... la segunda calle
       a la derecha.
7. En España, las farmacias y muchas tiendas *(cerrar)* ....
   a mediodía, entre la 1 y las 4.
8. ¿A qué hora *(empezar)* .... la película de esta
   noche?
9. Nosotros *(empezar)* .... a comer muy tarde, a las 3.
10. Por favor, ¿a qué hora *(salir)* .... el avión para
    Nueva York?
11. ¿*(ir, nos.)* .... al cine esta tarde?
12. Yo *(ir)* .... al gimnasio tres veces a la semana.

4. Complete las frases con el verbo adecuado del recuadro.

hacer	poner	oír	jugar	conocer
abrir	encontrar	saber(2)	costar	dormir

Ej.: *1. Julia, ¿qué haces en tu cuarto?*

2. Mamá, ¿dónde .... la ropa sucia?
3. Normalmente yo .... 7 horas por la noche y media
   hora después de comer.
4. Estos zapatos son carísimos, ... 90 euros.
5. En España, las tiendas .... a las 9 o las 10.
6. A. María, yo no .... mis gafas. ¿...........................
       dónde están?
    B. No, no lo ....
7. ¿Puede hablar más alto? No .... nada.
8. Mi mujer y yo .... al tenis los sábados por la
   mañana.
9. Tu trabajo es muy interesante porque ....a mucha
   gente.

5. Siga el modelo.

TÚ

Ej.: *1. Hacer algún deporte*   ¿*Haces algún deporte?*

2. Tener un diccionario   ....
3. Poder abrir la puerta   ....
4. Saber tocar la guitarra   ....
5. Entender alemán   ....

6. Oír a los niños ....
7. Salir por la noche ....
8. Dormir bien ....

5. Siga el modelo.

USTED

Ej.: *1. Hacer algún deporte*   *¿Hace algún deporte?*

2. Tener un diccionario. ....
3. Poder abrir la puerta. ....
4. Saber tocar la guitarra. ....
5. Entender alemán. ....
6. Oír a los niños. ....
7. Salir por la noche. ....
8. Dormir bien. ....

6. Complete la tabla.

	ÉL/ELLA/VD.	NOSOTROS
Ej.: *1. PENSAR*	*piensa*	*pensamos*
2. CALENTAR	....	....
3. CONTAR	....	....
4. REGAR	....	....
5. MERENDAR	....	....
6. CERRAR	....	....
7. COLGAR	....	....
8. PEDIR	....	....
9. SALIR	....	....
10. DECIR	....	....
11. CONDUCIR	....	....

7. Complete las frases siguientes con el verbo adecuado del recuadro.

sonar	calentar	colgar	contar	costar
volar	conocer	pensar	regar	comenzar

Ej.: *1. Mi hijo nunca cuelga su abrigo de la percha.*

2. ¿Cuánto .... este jarrón?
3. En verano ella .... las plantas todos los días.
4. Ese avión .... muy bajo.
5. ¿ .... (vosotros) a Julián, el director de la Escuela?
6. Yo siempre .... la leche al máximo.
7. Este despertador está estropeado, no .... nada.
8. Todos los padres .... cuentos a sus hijos.
9. Los extranjeros .... que todos los españoles son morenos y bajitos.

aciertos__ / 38

10. ¿Cuándo .... las vacaciones?

8. Siga el modelo.

Ej.: *1. años / (tú)*   *¿Cuántos años tienes?*

2. hijos / usted   ....
3. coches Antonio y Ana   ....
4. días de vacaciones / tu mujer   ....
5. discos de J.I. / tú   ....
6. diccionarios / Marisa   ....
7. dormitorios / este piso   ....
8. máquinas de fotos / vosotros   ....
9. sellos / usted   ....

9. Complete con el verbo TENER en la forma adecuada.

Ej.: *1. A Jaime y Paloma les gustan mucho los animales.*
Tienen tres perros y un gato.

2. Las arañas .... seis patas.
3. Julián quiere ir de vacaciones, pero no .... bastante dinero.
4. Niños, ¿ .... hambre?
5.   A. ¿Qué te pasa, te duele algo?
     B. No, sólo .... sueño, no he dormido bien.
6. ¿Cuántos habitantes .... Sevilla?
7. Yo no .... coche, voy a todas partes en metro.
8. Por favor, ¿ .... cambio de 50 euros?
9.   A. ¿Dónde están las tijeras?
     B. No sé, yo no las ....
10. ¿......................... un bolígrafo rojo para prestarme?
11. ¿......................... ustedes algo que decir?
12. Nosotros no .... ni un duro, pero somos felices.
13. ¿Puedes darme agua?, ... sed.

aciertos___ / 21

SER / ESTAR / TENER

Observe

forma

Presente:	SER	ESTAR	TENER
	soy	estoy	tengo
	eres	estás	tienes
	es	está	tiene
	somos	estamos	tenemos
	sois	estáis	tenéis
	son	están	tienen

USO

• SER

1. El verbo SER expresa cualidades o características (carácter, tamaño, color, material, apariencias):

>*Mi casa* **es grande**.
>*Mis hijos* **son inteligentes**.
>*Tu silla* **no es de madera**, **es de plástico**.

2. También se usa para expresar nacionalidad, profesión, posesión y para describir y valorar:

>*Los vecinos de Pepe* **son irlandeses**.
>*Él* **es diseñador** *y ella* **es maestra**.
>*¿Esto* **es tuyo**?
>*Mi pueblo* **es precioso**.
>*Estos zapatos* **son viejos**, *tienen más de diez años*.

• ESTAR

El verbo ESTAR se usa para expresar lugar o posición, condiciones temporales y variables, así como estados de salud y anímicos:

>*Andalucía* **está en el Sur de España**.
>*Estos zapatos tienen un mes y ya* **están viejos**.
>*Ana* **está enfadada** *con sus hijos*.

• TENER

1. El verbo TENER, que de modo general expresa la posesión, se usa en descripciones de personas:

>*Él* **tiene el pelo rizado y negro**, *ella* **tiene los ojos azules**.

2. También se usa para expresar estados físicos y anímicos, sobre todo con los sustantivos *hambre, frío, calor, sed, dolor, miedo, sueño*:

>*¿Me das agua?*, **tengo sed**.

3. Y para decir la edad:

>*Mi novio* **tiene treinta años**.

1. Complete con SER / ESTAR.

Ej.: *1. Mi hermana es alta y morena y yo soy bajita y rubia.*

2. Mi marido .... camarero, trabaja mucho.
3. Ana, ¿dónde .... la casete?
4. Los niños .... en el colegio.
5. ¿..................... (tú) nerviosa por tu boda?
6. (Nosotros) .... cansados de trabajar.
7. (Yo) .... española.
8. Fernando y Reyes .... profesores.
9. Mañana .... el día de mi cumpleaños.
10. Madrid .... en el centro de España.
11. El coche .... aparcado en la calle Mayor.
12. Mi coche .... viejo, pero .... muy nuevo.
13. Mi novio .... bastante rico.
14. Las ballenas .... mamíferos.
15. El presidente .... inteligente.
16. Estos macarrones .... riquísimos.
17. Las verduras .... buenas para la salud.
18. Andrés .... un hombre bueno.
19. Mi madre no .... buena, ... enferma.
20.   A. ¿Cómo .... los padres de tu marido?
        B. Bien, gracias.

2. Complete con el verbo entre paréntesis.

Ej.: *1. Yo no tengo hambre. (tener)*

2. Luis .... muy nervioso porque .... un examen
   mañana. *(estar, tener)*
3. Andrés .... treinta y ocho años y su mujer, treinta y cuatro.
   (tener)
4. Mi mujer .... alta y guapa y .... los ojos
   oscuros. *(ser, tener)*
5. Los turistas .... cansados de esperar. *(estar)*
6. ¿(tú) .... colombiana? *(ser)*
7. Esta casa .... muy desordenada. *(estar)*
8. ¿(Vds.) .... máquinas de escribir? *(tener)*
9. Ana .... enferma, ... fiebre. *(estar, tener)*
10. Ellos .... dos hijos. El mayor .... doce años y el
    menor, ocho. *(tener, tener)*
11. Mi casa .... cerca del metro. *(estar)*
12. Yo no .... nerviosa, pero hoy .... bastante
    nerviosa. *(ser, estar)*
13. ¿Vosotros .... americanos? *(ser)*
14. El río Amazonas .... en América. *(estar)*

3. Complete con SER / ESTAR / TENER.

Ej.: *1. Yo tengo miedo de los perros.*

2. Roma no .... en Grecia.
3. Los cigarrillos .... en mi bolso.
4. Mira, ésta .... María.
5. Juan .... moreno, pero .... los ojos verdes.
6. Mis manos .... frías.
7. ¿(Tú) no .... frío?
8. El café .... muy caliente.
9. Buenos Aires .... la capital de Argentina.
10. Mira, allí .... María.
11. Ellos .... cansados.
12. Los zapatos .... sucios.
13. María .... sueño.
14. Mis hermanas .... casadas.
15. Los elefantes .... unos animales enormes.
16. ¿(Vos.) .... hijos?
17. Esa calle .... lejos.
18. El bebé .... llorando porque .... hambre.

aciertos__ / 19

Tema 7. Puntuación total __ / 57

VERBOS CON PRONOMBRES REFLEXIVOS

Observe

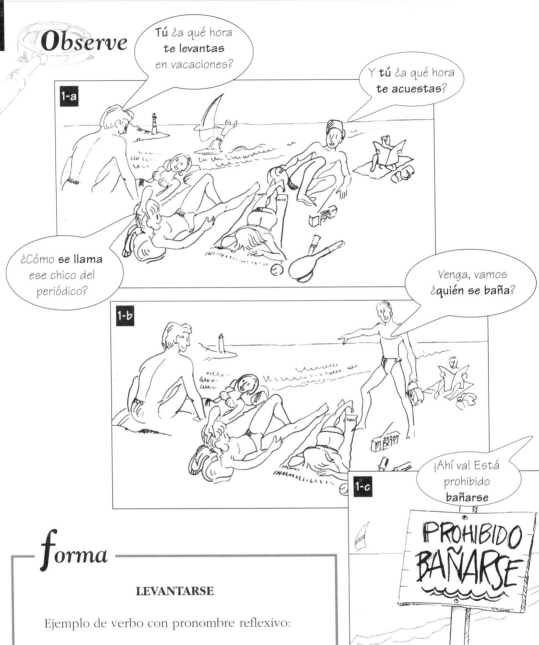

Tú ¿a qué hora **te levantas** en vacaciones?

Y **tú** ¿a qué hora **te acuestas**?

¿Cómo **se llama** ese chico del periódico?

Venga, vamos ¿quién **se baña**?

¡Ahí va! Está prohibido **bañarse**

PROHIBIDO BAÑARSE

forma

LEVANTARSE

Ejemplo de verbo con pronombre reflexivo:

Presente

(yo)	**me**	**levanto**
(tú)	**te**	**levantas**
(él/ella/Vd.)	**se**	**levanta**
(nosotros/-as)	**nos**	**levantamos**
(vosotros/-as)	**os**	**levantáis**
(ellos/-as/Vds.)	**se**	**levantan**

···· USO ··

1. Hay verbos que se conjugan con un pronombre reflexivo (**me, te, se, nos, os**):

> *bañarse, levantarse, acostarse*

2. Entre estos verbos con pronombre están, por ejemplo, los llamados reflexivos. Son aquellos en los que el sujeto y el objeto coinciden:

> *ducharse, lavarse, peinarse, vestirse*

3. No todos los verbos con pronombre son reflexivos:

> *casarse, llamarse, quedarse*

4. Hay que tener en cuenta que estos mismos verbos no reflexivos pueden ir con pronombre y sin él:

> *Ella **se pinta** los labios.*　　*Ella **pinta** su casa.*
> *Él **se acuesta** a las 10.*　　*Él **acuesta** a sus hijos.*

5. El pronombre va antes del verbo y se escribe separado, pero en el Infinitivo, Gerundio e Imperativo va detrás del verbo y se escribe junto:

> ***Me caso** mañana.*
> *Los fines de semana **nos acostamos** tarde.*
> *¡**Cállate**, por favor!*
> *Por favor, ¿puedes **callarte**?*
> *Miguel está **duchándose**.*

ejercicios

1. Escriba debajo de cada dibujo lo que hacen estas personas.

<u>bañarse</u>　ducharse　acostarse　vestirse
afeitarse　lavarse　levantarse

Ej.: *1. Carmen <u>se baña</u>.*

ejercicios

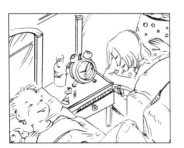

2. Los niños ....
.... a las 9.

3. Ella ....
.... el pelo.

4. Él ....
....

5. Nosotros ....
....

6. Juan ....
....

7. Mis vecinos ....
.... a las 6 de la mañana.

2. Siga el modelo.

Ej.: *1. Quique se ducha. / Yo me ducho.*

2. ¿Vosotros os bañáis en la piscina?
   ¿Tú ....
3. ¿Vosotras os pintáis?
   ¿Tú ....
4. Nosotros nos levantamos pronto.
   Ana ....
5. Nosotros nos acostamos tarde.
   Yo ....
6. ¿Vosotros os acostáis después de comer?
   ¿Vds. ....
7. Los domingos me quedo en casa.
   Nosotros ....

aciertos__ / 6

3. Complete las frases con el verbo entre paréntesis.

Ej.: *1. Andrés se afeita con maquinilla eléctrica. (afeitarse)*

2. Yo siempre .... temprano, pero mis hijos se ....
.... tardísimo. *(levantarse)*
3. A. ¿Vosotros .... tarde? *(acostarse)*
   B. No, normalmente .... a las once de la noche,
   pero los sábados .... viendo la tele hasta la una,
   por lo menos. *(acostarse, quedarse)*
4. Ellos .... las manos antes de comer y los dientes
   después de comer. *(lavarse)*
5. Paco .... por la tarde, cuando viene del trabajo.
   (ducharse)
6. Todos los veranos *(nosotros)* .... en la piscina
   municipal de Arévalo. *(bañarse)*
7. A. ¿Tú .... las uñas? *(pintarse)*
   B. No, no me gusta. Sólo .... un poco los labios.
   (pintarse)
8. ¿Qué te pasa? ¿No .... bien? *(encontrarse)*
9. Miguel .... el coche a la oficina normalmente, pero
   yo no porque no me gusta conducir. *(llevarse)*
10. Los españoles .... poco. *(divorciarse)*
11. Alejandro y Ana .... siempre en la última fila de la
    clase. *(sentarse)*

4. Complete el hueco con uno de los verbos del recuadro.

encontrarse	despertarse	lavarse	acostarse
separarse	sentarse		acordarse

Ej.: *1. Natalia no viene hoy a clase porque se encuentra mal.*

2. ¿(Tú)............................. la cabeza todos los días?
3. ¿Sabes? Juan y Blanca .... porque no se entienden.
4. Mi padre siempre .... en el mismo sillón.
5. Julio nunca .... de apagar las luces antes de salir de
   una habitación.
6. Yo siempre .... un poco después de comer.
7. ¡Qué rollo!, este niño .... todas las noches a las 3 de
   la madrugada.

aciertos___ / 20

Tema 8. Puntuación total ___ / 26

NUMERALES: CARDINALES y ORDINALES

Observe

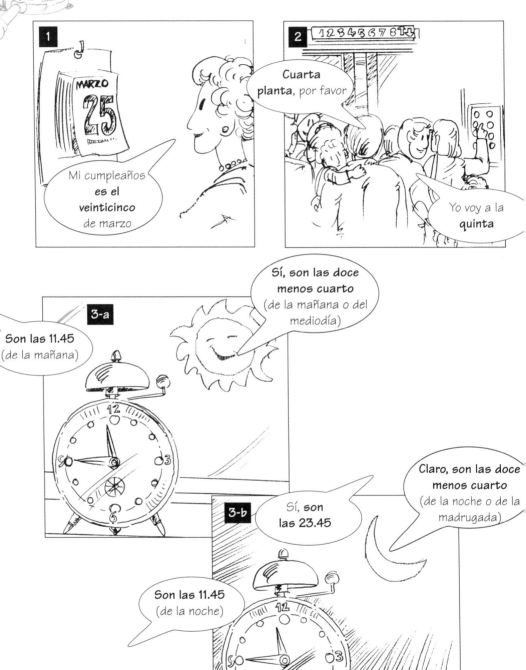

forma

NUMERALES CARDINALES

- 0 se lee **cero**

Unidades		Decenas				Centenas		Millares	
		diez	10						
uno	1	**once**	11			**cien**	100	**mil**	1.000
dos	2	**doce**	12	**veinte**	20	**doscientos, as**	200	**dos mil**	2.000
tres	3	**trece**	13	**treinta**	30	**trescientos, as**	300	**tres mil**	3.000
cuatro	4	**catorce**	14	**cuarenta**	40	**cuatrocientos, as**	400	**cuatro mil**	4.000
cinco	5	**quince**	15	**cincuenta**	50	**quinientos, as**	500	**cinco mil**	5.000
seis	6	**dieciséis**	16	**sesenta**	60	**seiscientos, as**	600	**seis mil**	6.000
siete	7	**diecisiete**	17	**setenta**	70	**setecientos, as**	700	**siete mil**	7.000
ocho	8	**dieciocho**	18	**ochenta**	80	**ochocientos, as**	800	**ocho mil**	8.000
nueve	9	**diecinueve**	19	**noventa**	90	**novecientos, as**	900	**nueve mil**	9.000

- Del 1 al 30 se escriben en una sola palabra:
  21 = **veintiuno**,   22 = **veintidós**,   etc.

- De 31 en adelante se escriben en dos palabras, separadas por **y**:
  31 = **treinta y uno**,   32 = **treinta y dos**,   etc.

- 100 se lee **cien**.

- Pero 101 se lee **ciento uno**,   102 se lee **ciento dos**,   etc.

- **Ciento** no tiene femenino.

- Pero las demás centenas sí:
  quinientos, as

- $\quad$ 1.000.000 = **un millón**
- $\quad$ 1.000.000.000 = **mil millones**
- $\quad$ 1.000.000.000.000 = **un billón**

NUMERALES ORDINALES

primero, -a	1°	**undécimo, -a**	11°
segundo, -a	2°	**duodécimo, -a**	12°
tercero, -a	3°	**decimotercero, -a**	13°
cuarto, -a	4°	**decimocuarto, -a**	14°
quinto, -a	5°	**decimoquinto, -a**	15°
sexto, -a	6°	**decimosexto, -a**	16°
séptimo, -a	7°	**decimoséptimo, -a**	17°
octavo, -a	8°	**decimoctavo, -a**	18°
noveno, -a	9°	**decimonoveno, -a**	19°
décimo, -a	10°	**vigésimo, -a**	20°

100° = **centésimo**
1.000° = **milésimo**

···· *USO* ··

• **Números cardinales**

1. Los cardinales -que son la serie de los números- se usan, por ejemplo, para expresar el precio, el peso, la distancia, la medida, la hora y los días del mes:

> *Vale 3 euros.*
> *Pesa 52 (cincuenta y dos) kilos.*
> *Mi pueblo y el tuyo están a 60 (sesenta) kilómetros.*
> *Mide 6 (seis) metros y 15 (quince) centímetros.*
> *Son las 10 (diez) de la noche.*
> *Hoy es 19 (diecinueve) de septiembre.*

2. Uno pierde la **-o** delante de un nombre masculino singular y cambia la **-o** en **-a** delante de un nombre femenino. Los números compuestos con **uno** también pierden la **-o** delante de nombres masculinos:

> **un** libro   **una** casa   *veintiún años*
> *treinta y **un mil** kilos*   *ochenta y una mesas*

3. Las centenas -desde doscientos- van en masculino y femenino, según el nombre al que acompañan:

> *240 Km. - doscientos **cuarenta kilómetros***
> *240 revistas - doscientas **cuarenta revistas***

• **Números ordinales**

1. Los ordinales se usan, por ejemplo, para nombrar los pisos de una casa y el número de orden en un grupo:

> *El ascensor se ha parado en **el segundo piso**.*
> *Silvia era **la primera** de la clase.*

2. Los ordinales se usan muy poco después del **10º (décimo)**. Se suelen sustituir por los cardinales:

> *Vivo en **el piso 15 (quince)** = cardinal.*
> *Vivo en **el 15º (décimoquinto)** piso = ordinal.*

3. Los ordinales concuerdan en género y número con el sustantivo al que acompañan:

> *Yo vivo en **el piso primero**.*
> *La biblioteca está en **la primera planta**.*
> *Mañana salen **los primeros periódicos** después de las elecciones.*
> *Las atletas españolas ahora son **las quintas**.*

4. Los ordinales **primero** y **tercero** pierden la **-o** delante de un nombre masculino singular:

> *Yo vivo en **el primer piso**.*
> *El miércoles es el **tercer día** de la semana.*

1. Escriba con letras.

Ej.: *a. 9.*   *nueve*

b.	15	....
c.	29	....
d.	80	....
e.	64	....
f.	143	....
g.	450	....
h.	500	....
i.	526	....
j.	348	....
k.	820	....
l.	1.237	....
m.	4.500	....
n.	7.358	....
ñ.	13.333	....
o.	1.728.437	....

2. Escriba el número correspondiente.

Ej.: *a. doce*   _12_

b.	dieciséis	....
c.	cincuenta y seis	....
d.	trescientos veinte	....
e.	noventa y cuatro	....
f.	mil doscientos cuarenta	....
g.	cinco mil quinientos	....
h.	ochenta y tres mil ciento noventa	....
i.	seiscientas veinte mil trescientas	....
j.	ciento veinte mil setecientos	....
k.	un millón cinco	....

3. Escriba con todas las palabras.

Ej.: *a. 250 Km. doscientos cincuenta kilómetros*

b.	320 Kg.	....
c.	29.370 pulgadas	....
d.	650 Km.	....
e.	10.500 pulgadas	....
f.	2.000 m.	....
g.	1.356 pulgadas	....
h.	802 km.	....
i.	33 m.	....
j.	27 km.	....
k.	150.025 pulgadas	....

aciertos__ / 35

4. Escriba debajo del reloj la hora que marca.

Ej.: _Las ocho y media_   2. ....   3. ....

4. ....   5. ....   6. ....

7. ....   8. ....   9. ....

5. Escriba con letras.

Ej.: _a. 2º_   _segundo_

b.   3ª   ....
c.   7º   ....
d.   4º   ....
e.   1º   ....
f.   10ª   ....
g.   9º   ....
h.   6ª   ....
i.   5ª   ....
j.   8ª   ....
k.   5º   ....

6. ¿En qué piso viven?

Ej.: _a. 2º izda._   _Segundo izquierda_

b.   3º 1ª   ....
c.   5º 2ª   ....
d.   6º A   ....
e.   4º dcha.   ....
f.   1º 1ª   ....
g.   1º 2º   ....
h.   7º 2ª   ....
i.   6º C   ....

aciertos__ / 26

7. Complete con PRIMER(O), -A / TERCER(O), -A.

Ej.: *1. Sí, ésta es mi <u>primera</u> novela.*

2. Sí, tengo otros dos hijos mayores, éste es el ....
3.   A. Mi casa tiene sólo tres pisos y yo vivo en el último.
       B. Entonces ¿vives en el ....?
4. He empezado este año, estudio .... de Derecho.
5. De .... quiero ensalada y de segundo, un filete.
6. El .... curso de español es más difícil que el segundo.
7. Señora, ésta es la segunda planta. Suba una planta más, las lámparas
    están en la ....
8. Es la .... vez que vengo a España. La ....
    fue en 1988 y la primera en 1976.

8. Escriba el ordinal en género masculino o femenino, según corresponda.

Ej.: *a. (1º / ª)*   *primer <u>curso</u>*

b. (2º / ª)   ....   idioma
c. (4º / ª)   ....   hija
d. (3º / ª)   ....   plato
e. (10º / ª)   ....   piso
f. (6º / ª)   ....   lección
g. (100º / ª)   ....   vez
h. (20º / ª)   ....   planta
i. (5º / ª)   ....   letra
j. (15º / ª)   ....   día

aciertos__ / 17

Perífrasis: ESTAR + GERUNDIO, IR A + INFINITIVO

ESTAR + GERUNDIO

 *Observe*

Juan **está limpiando** el coche

forma

. Gerundio de verbos regulares

Infinitivo	GERUNDIO
cantar	cant- **ando**
beber	beb- **iendo**
vivir	viv- **iendo**

. Gerundio de verbos irregulares

leer	**leyendo**
dormir ...	**durmiendo** ...

. ESTAR (Presente) + GERUNDIO

(yo)	**estoy**	cantando
(tú)	**estás**	cantando
(él/ella/Vd.)	**está**	cantando
(nosotros/-as)	**estamos**	cantando
(vosotros/-as)	**estáis**	cantando
(ellos/-as/Vds.)	**están**	cantando

···· USO

1. La perífrasis **ESTAR + GERUNDIO** suele expresar la acción en desarrollo:

> A. *Jaime, ¿qué hacen los niños?*
> B. ***Están jugando*** *en su cuarto.*

Observe

Ana **va a** limpiar el coche

---

forma

IR (Presente) A + INFINITIVO

(yo)	**voy**	**a**	**hablar**
(tú)	**vas**	**a**	**hablar**
(él/ella/Vd.)	**va**	**a**	**hablar**
(nosotros/-as)	**vamos**	**a**	**hablar**
(vosotros/-as)	**vais**	**a**	**hablar**
(ellos/-as/Vds.)	**van**	**a**	**hablar**

···· **uso** ··

La perífrasis **IR A + INFINITIVO** suele expresar intención sobre una acción futura.

*Esta tarde **vamos a ir** al cine.*

---

ejercicios

correcciones

1. Escriba la forma del gerundio de estos verbos.

1. PONER	*poniendo*	7. DORMIR	....	
2. BEBER	....	8. SALIR	....	
3. TOMAR	....	9. VER	....	
4. BAILAR	....	10. ESCRIBIR	....	
5. HACER	....	11. LEER	....	
6. HABLAR	....	12. ESTUDIAR	....	

aciertos__ / 11

2. ¿Qué están haciendo?

Ej.: *1. Ana / lavarse / el pelo.*
   Ana se está lavando el pelo.

2. Las niñas / dormir ....
3. Nosotros /cenar ....
4. Él / pintar / la habitación ....
5. ¿Vosotros / estudiar? ....
6. ¿(Tú) hacer / la comida? ....
7. ¿(Tú) leer / el periódico? ....
8. ¿(Tú) hablar / por teléfono? ....
9. Juan / ducharse ....
10. Yo / afeitarse ....
11. Nosotras / ver / la tele ....
12. Ellos / jugar / en su habitación ....

3. Escriba debajo de los dibujos lo que está haciendo cada uno en este momento.

Ej.: 1. ¿Y tu marido?   2. ¿Y los niños?

DAR UN PASEO

ESTUDIAR

Está dando un paseo.   ....

3. ¿Y tu madre?   4. ¿Y Álvaro?

HACER LA COMPRA

BAÑARSE

....

aciertos__ / 14

5. ¿Y tus amigos?

TOMAR UNA COPA

....

6. ¿Y tu jefe?

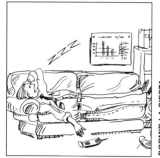

DORMIR LA SIESTA

....

7. ¿Y Pepa y Carmen?

JUGAR AL TENIS

....

8. ¿Y Andrés?

ESCRIBIR A MÁQUINA

....

**4. Complete con uno de los verbos del recuadro en la forma
ESTAR + GERUNDIO.**

cenar	jugar	ducharse	hacer	estudiar
tocar	leer	ver	corregir	salir

Ej.: *1. Escucha, alguien está tocando el piano.*

2. A. ¿Y los niños?
   B. .... en el jardín.
3. A. Y tus padres, ¿no están en casa?
   B. No, ... fuera con unos amigos.
4. A. Ya no podemos coger el tren, en este momento ....
   .... de la estación.
5. A. ¿Dónde está Jorge? no lo veo.
   B. En la cocina, ... una comida
   especial.
6. A. Pepito, ¿puedes venir un momento?
   B. Ahora no, mamá, ..., mañana tengo
   un examen.

aciertos__ / 10

7. A. (*Por teléfono*) ¿Qué hacéis?
    B. Yo .... una novela y Luis ....
    .... una película en la tele.
8. A. Papá, el Sr. Pérez al teléfono.
    B. Lo siento, no puedo ponerme, ...
9. A. ¿Qué haces, Cristina?
    B. Pues mira, ... unos ejercicios de
    mis alumnos.

5. Complete con el verbo en PRESENTE o con ESTAR + GERUNDIO.

Ej.:   1. A. Paco, ¿qué haces?
          B. *Estoy* lavándome *el pelo. (lavarse)*
       2. *Yo no* llevo *el coche a trabajar normalmente. (llevar)*

3. Juan no puede ponerse al teléfono en este momento, ...
    .... *(cenar)*
4. ¿A qué hora .... de trabajar? *(salir)*
5. Perdón, no ...., ¿puede hablar más despacio?
    (comprender)
6. A. ¿Y Julián?
    B. En el parque, ... al perro. *(pasear)*
7. Escucha, alguien .... esa canción que me gusta
    tanto. *(cantar)*
8. A. ¿Puedes venir?
    B. Ahora no, ... un trabajo a máquina. *(pasar)*
9. A. ¿Quieres un café?
    B. No gracias, nunca .... café a estas horas.
10. No, mis hijos no .... mucho la tele. *(ver)*
11. ¡Qué raro!, siempre que llamo a mi padre, el teléfono ....
    .... *(comunicar)*

6. Siga el ejemplo.

Ej.: 1. (*¿Tú / comer / en casa?*)   ¿Vas a comer *en casa?*

2. (¿Vd. / comprar / un coche nuevo?)
    ....
3. (¿Cuándo / Vd. / hablar con la directora?)
    ....
4. (¿Tú / llamar por teléfono / tus padres?)
    ....
5. (¿A qué hora / cenar / vosotros?)
    ....
6. (¿Cuándo / Vds. / ver / la exposición de cerámica?)
    ....
7. (¿Tú / trabajar / mañana?)
    ....

correcciones

7. ¿Qué van a hacer esta tarde?

- cenar en un restaurante argentino
- dormir la siesta
- ver un partido en la televisión
- bailar a la discoteca
- pintar la casa
- jugar al golf

3. Carmen y María

2. El niño

5. La abuela

1. Carlos

6. Miguel

4. Los padres

Ej.: *1. Carlos va a jugar al golf.*

2. ....
3. ....
4. ....
5. ....
6. ....

aciertos__ / 5

8. Escriba una lista de cinco cosas que piensa hacer esta tarde.

....
....
....
....
....

Tema 10. Puntuación total __ / 59

GUSTAR, PARECER, DOLER, PASAR *(algo a alguien)*, QUEDAR *(bien o mal algo a alguien)*

Observe

Vamos a ver, ¿qué le pasa?

1

Verá, por la mañana, al levantarme **me duele la pierna derecha**

¿Cuál te **gusta** más?

A mí me **gusta** la de cuadros

2

forma

Construcción de GUSTAR

(A mí)	me	
(A ti)	te	
(A él/ella/Vd.)	le	
		gusta... *nadar, el chocolate*
(A nosotros/-as)	nos	
(A vosotros/-as)	os	
(A ellos/-as/Vds.)	les	

(A mí)	me	
(A ti)	te	
(A él/ella/Vd.)	le	
		gustan... *los deportes*
(A nosotros/-as)	nos	
(A vosotros/-as)	os	
(A ellos/-as/Vds.)	les	

···· USO ···

1. Los verbos como **gustar -parecer, doler, pasar** (algo a alguien), **quedar** (bien o mal algo a alguien)- se usan en dos personas, la 3ª del singular y la 3ª del plural, según sea el sujeto gramatical (p. ej.: *nadar, el chocolate, los deportes*):

> *¿Sabes?* **me gusta** *mucho* **tu casa** .
> **Los pantalones negros te quedan** *bien.*
> *¿* **Te duelen las piernas** *?*
> **Esa lección nos parece** *muy difícil.*
> *Luis está muy triste,* **le pasa algo** .

2. A veces se repite, adelantándolo, el nombre al que se refiere el pronombre (**me, te, le, nos, os, les**), con la preposición **a**:

> **A mis padres no les gustan** *mis amigos.*
> **A mi hermano le duele** *mucho la cabeza.*

3. En lugar de un nombre, a veces se repite un pronombre también con la preposición **a**:

> **A ti te pasa** *algo.*
> *¿* **A vosotros os gusta** *el queso?*
> **A mí me quedan** *mal los sombreros.*
> **A ella no le gustan los niños** *, pero a mí, sí.*
> **A nosotros nos gusta mucho salir** *por la noche.*
> *¿* **A Vds. les gusta el flamenco** *?*
> *¿* **A Vd. qué le parecen las corridas de toros** *?*

ejercicios

1. Siga el modelo.

> Ej.: *1. A Vd. / esta máquina de fotos*
> *¿A usted qué le parece esta máquina de fotos?*

2. A Vd. / estos tomates

....

3. A vosotros / la última película de Almodóvar

....

4. A ti / esta blusa

....

5. A Vds. / la colección de pintura Von Thyssen

....

6. A vosotros / las declaraciones del Presidente

....

7. A ti / estos modelos de coches

....

8. A Vds. / estas fotos

....

aciertos__ / 7

2. Complete con el pronombre + GUSTA / GUSTAN.

Ej.: *1.: A mí no me gustan nada las motos.*

2. A mi marido .... mucho el fútbol.
3. A Maribel no .... bañarse en el mar.
4. ¿A Vd. .... ir a trabajar en metro?
5. A ellos no .... nada los libros.
6. A mis hijos .... muchísimo el chocolate.
7. A Luis y María .... los deportes de invierno.
8. A mí .... la comida china.
9. ¿A ti .... cocinar?
10. ¿A Vds. .... España?
11. ¿A vosotros .... jugar al ajedrez?
12. A nosotros no .... mucho la carne.
13. ¿A ti .... los animales?
14. ¿A Vds. .... salir de noche?

3. Ordene las palabras para formar frases.

Ej.: *1. A mi mucho bailar gusta le marido*
A mi marido le gusta mucho bailar.

2. A nada niños les el los pescado gusta no
....
3. ¿gustan Te gatos los?
....
4. películas gustan No terror me las de
....
5. ¿gusta chorizo Le el?
....
6. Nos jugar al mucho tenis gusta
....
7. ¿Os crucigramas hacer gusta?
....
8. ¿le Vd. coleccionar gusta A sellos?
....

4. Complete con el pronombre y la forma adecuada del verbo DOLER.

Ej.: *1. Luis se ha caído y le duele una rodilla.*

2. Ana es secretaria y .... la espalda.
3. Yo ayer anduve mucho y .... los pies.
4. ¿A ti .... algo?
5. Los niños han comido muchas chucherías y .... el estómago.
6. Por favor, bajad el volumen de la música, a papá y a mí .... la cabeza.

aciertos___ / 25

7. A Juan y a Pilar .... el cuello por el accidente.
8. A mí .... las muelas.
9. A mi madre .... las piernas por la caída.
10. ¿A Vd. no .... los ojos de escribir en el ordenador?

5. Complete con el pronombre correspondiente.

Ej.: *1. A. Lola, ¿qué <u>te</u> parece el traje nuevo?*
   B. No está mal, pero <u>a mí me</u> gustan más los pantalones.

2.   A. Oye, ¿qué .... pasa?
     B. .... duele muchísimo la cabeza.
3.   A. ¿A ti qué .... parece? ¿cómo ....
     queda (a mí) esta falda?
     B. Muy bien.
     A. Es que a algunas chicas, la minifalda .... queda
     fatal.
4. Estos cuadros modernos .... parecen horribles, ¿a ti no?
5. Estos tomates no .... gustan, ...
   parece que están verdes.
6. ¿Tú sabes qué .... pasa a Aurelio? Está muy raro.
7.   A. Mira estas fotos del verano, ¿qué .... parecen?
     B. Están muy bien, ... gustan mucho.
8. Nosotros, los domingos siempre salimos porque ....
   gusta pasear.
9. No quieren esas camisas porque no .... quedan bien.
   Además .... parecen muy caras.
10. Niños, ¿ .... gustan las patatas fritas?

aciertos__ / 19

Tema 11. Puntuación total __ / 51

DEMOSTRATIVOS

Observe

forma

DEMOSTRATIVOS
(Adjetivos y pronombres)

Singular		Plural	
Masc.	Fem.	Masc.	Fem.
este	esta	estos	estas
ese	esa	esos	esas
aquel	aquella	aquellos	aquellas

Sólo pronombres: esto   eso   aquello

1. Los adjetivos demostrativos generalmente van delante del nombre y concuerdan con él en género y número:

> *Esta semana tengo mucho trabajo.*
> *Aquellos árboles están enfermos.*

2. A veces pueden ir detrás de un sustantivo con artículo para destacarlo más:

> *El libro ese no me gusta nada.*

3. Los pronombres demostrativos nunca acompañan al nombre y es muy habitual escribirlos con tilde para diferenciarlos de los adjetivos:

> *Mira, ésta es Sonia y éste es Ignacio.*
> *Éstos no me gustan, prefiero ésos.*

4. Los pronombres demostrativos **esto, eso** y **aquello** nunca llevan tilde y se refieren a una idea, a algo de lo que no se da el nombre exacto o a algo de lo que se acaba de hablar:

> *Eso no está bien.*
> *¿Qué es aquello?*
> *Esto es muy raro.*

5. Este, esta, esto, estos, estas se refieren a algo cercano; se relacionan con el adverbio *aquí*.

> **Ese, esa, eso, esos, esas** se refieren a algo menos cercano; se relacionan con el adverbio *ahí*.

> **Aquel, aquella, aquello, aquellos, aquellas** se refieren a algo más lejano; se relacionan con el adverbio *allí*:

> *Coloca esta silla aquí, ésa ahí y aquella allí.*
> *Este verano he ido a la playa.*
> *Ese verano lo pasé en Madrid.*

ejercicios

corrcciones

1. Complete con ESTE / ESTA / ESTOS / ESTAS y luego cambie el grupo de número.

Ej.: *1. esta casa*   *estas casas*

2. .... periódico   ....
3. .... lechuga   ....
4. .... coches   ....
5. .... hotel   ....
6. .... vaso   ....
7. .... revistas   ....
8. .... cama   ....

aciertos__ / 7

9. .... mapa   ....
10. .... fotos   ....
11. .... cuaderno   ....
12. .... sillón   ....
13. .... días   ....
14. .... bolígrafo   ....
15. .... moto   ....

2. Complete con ESE / ESA / ESOS / ESAS y luego cambie el grupo de número.

Ej.: *1. ese libro*   *esos libros*

2. .... árboles   ....
3. .... sofás   ....
4. .... carne   ....
5. .... piso   ....
6. .... mujeres   ....
7. .... día   ....
8. .... lámpara   ....
9. .... calcetines   ....
10. .... tenedores   ....
11. .... radio   ....
12. .... casete   ....
13. .... habitación ....
14. .... foto   ....
15. .... idiomas   ....

3. Complete con AQUEL / AQUELLA / AQUELLOS / AQUELLAS y luego cambie el grupo de número.

Ej.: *1. aquellos aviones*   *aquel avión*

2. .... árbol   ....
3. .... río   ....
4. .... montañas   ....
5. .... globo   ....
6. .... pájaros   ....
7. .... piedras   ....
8. .... niña   ....
9. .... hombres   ....
10. .... chalés   ....
11. .... pelota   ....
12. .... papel   ....
13. .... trenes   ....
14. .... carta   ....
15. .... cuadro   ....

aciertos__ / 35

ejercicios

4. Complete con uno de los demostrativos del recuadro.

estas	<u>este</u>	aquello
esos	aquel	esta (2)

Ej.: *1. Toma, <u>este</u> regalo es para ti.*

2.   A. ¿Qué es ....?
     B. No sé, parecen unos pájaros, ¿no?
3. ¿Quién vive en .... piso?
4. ¿Cuánto valen .... postales?
5. ¿Te gustan .... pendientes?
6. ¿Está libre .... silla?
7. ¿Dónde echo .... agua?

Tema 12. Puntuación total ___ / 48

PRETÉRITO PERFECTO

Observe

> ¿Sabes? este fin de semana **he conocido** a un chico guapísimo

> ¿Quién **ha abierto** la ventana?

forma

PRETÉRITO PERFECTO	{	Presente de HABER + Participio Pasado

Presente de HABER

(yo)	**he**
(tú)	**has**
(él/ella/Vd.)	**ha**
(nosotros/-as)	**hemos**
(vosotros/-as)	**habéis**
(ellos/ellas/Vds.)	**han**

Participio Pasado

Participios regulares			Participios irregulares	
cantar	cant-**ado**		ser	**sido**
beber	beb-**ido**		ver	**visto**
vivir	viv-**ido**		poner	**puesto**
			escribir	**escrito**
			abrir	**abierto**
			volver	**vuelto**
			hacer	**hecho**
			romper	**roto**
			decir	**dicho**

PRETÉRITO PERFECTO

(yo)	he	cantado
(tú)	has	cantado
(él/ella/Vd.)	ha	cantado
(nosotros/-as)	hemos	cantado
(vosotros/-as)	habéis	cantado
(ellos/-as/Vds.)	han	cantado

···· *USO* ···

1. El Pretérito Perfecto, que también se llama Perfecto Compuesto, algunas veces expresa un pasado muy reciente. Se usa con marcadores temporales como *hoy, esta mañana, este verano, este fin de semana, hace un rato*, etc.:

>**Hoy** no **he visto** a mi hermana.
>**Este verano hemos estado** en Marbella.

2. También se usa sin marcador temporal y expresa un pasado sin determinar:

>**He perdido** el reloj, no sé dónde.
>¿Cuándo **ha llegado** la carta?

3. Se usa para preguntar (e informar) sobre experiencias personales, con marcadores como *ya, todavía no, alguna vez, nunca*, etc.:

>¿ **Has estado alguna vez** en América del Sur?
>**Yo nunca he fumado** puros.
>María **se ha casado tres veces**.

ejercicios

1. Escriba los Participios de los siguientes verbos (regulares e irregulares).

Ej.: *1. VER* <u>visto</u>

2. ESCRIBIR	....	10. VOLVER	....
3. VENIR	....	11. ABRIR	....
4. LIMPIAR	....	12. EMPEZAR	....
5. TERMINAR	....	13. CERRAR	....
6. CAMBIAR	....	14. ROMPER	....
7. COMER	....	15. HACER	....
8. PONER	....	16. DECIR	....
9. PERDER	....	17. CAERSE	....

aciertos___ / 16

2. Siga el modelo.

Ej.: *1. SALIR*   (ellos) *han salido*

2. PONER	(vosotros)	....
3. ESCRIBIR	(ella)	....
4. LEER	(yo)	....
5. VOLVER	(Juan)	....
6. VENIR	(Vd.)	....
7. ABRIR	(ellos)	....
8. LAVARSE	(él)	....
9. ROMPER	(ella)	....
10. LEVANTARSE	(tú)	....
11. CERRAR	(yo)	....
12. DIVORCIARSE	(ellos)	....
13. TRABAJAR	(nosotros)	....
14. IRSE	(él)	....
15. VIVIR	(tú)	....
16. LIMPIAR	(tú y yo)	....
17. ESTUDIAR	(vosotros)	....
18. PONER	(él y tú)	....
19. ESPERAR	(tú)	....
20. VER	(Vds.)	....

3. Forme las frases.

Ej.: *1. Los niños / comer / ya*
     Los niños ya han comido.

    2. La clase / terminar / todavía no
     La clase todavía no ha terminado.

3. (Ellos / acostarse / ya)

....

4. (Ana Mª / escribir el informe / ya)

....

5. (Andrés / volver a casa / todavía no)

....

6. (El autobús / pasar / ya)

....

7. (Nosotros / cenar / todavía no)

....

8. (Juan y yo / hacer los deberes / todavía no)

....

9. (Julio / poner la tele / ya)

....

10. (La película / empezar / ya)

....

aciertos__ / 27

4. Complete las frases con el verbo adecuado del recuadro.

ver	tener	ir	caerse	perder	ser
abrir	comprar	estar	costar	abrir	decir

Ej.: *1. ¿Quién ha abierto la ventana de la cocina?*

2. Elena .... el paraguas otra vez.
3. Este verano (nosotros) .... en Marbella de vacaciones.
4. ¡Mamá! Pilar .... por las escaleras.
5. En la radio (ellos) .... que mañana lloverá.
6. ¿Dónde te .... ese vestido? Es muy bonito.
7. ¿Cuánto te .... el equipo de música?
8. Esta mañana .... a Andrés en la parada del autobús.
9. Hoy (nosotros) .... mucho trabajo.
10.   A. ¿Está tu mujer en casa?
       B. No, ... a trabajar.
11. La película de hoy .... muy bonita.

5. Forme preguntas como el modelo.

Ej.: *1. Escribir las postales.*
       ¿Has escrito ya las postales?

2. Hacer los deberes.   ¿..?
3. Ver esa película.   ¿..?
4. Terminar.   ¿..?
5. Comer.   ¿..?
6. Llamar por teléfono.   ¿..?
7. Estar en París.   ¿..?
8. Poner la lavadora.   ¿..?
9. Comprar el pan.   ¿..?
10. Leer el periódico.   ¿..?
11. Desayunar.   ¿..?
12. Ir al supermercado.   ¿..?

6. Haga lo mismo con USTED.

Ej.: *1. Escribir las postales*
       ¿Ha escrito ya las postales?

2. Hacer los deberes.   ¿..?
3. Ver esa película.   ¿..?
4. Terminar.   ¿..?
5. Comer.   ¿..?
6. Llamar por teléfono.   ¿..?
7. Estar en París.   ¿..?
8. Poner la lavadora.   ¿..?

9. Comprar el pan.   ¿..?
10. Leer el periódico.   ¿..?
11. Desayunar.   ¿..?
12. Ir al supermercado.   ¿..?

7. Complete la tabla.

Todos los días	**Hoy**
Ej.: *1. Me levanto a las 7.*	<u>*Me he levantado*</u> *a las 8.*
2. Desayuno tostadas.	.... madalenas.
3. Me ducho con agua fría.	.... con agua caliente.
4.	He salido de casa a las 8.
5. Leo "El País".	.... el ABC.
6. Veo a mis compañeros.	No los ....
7.	He comido en una cafetería.
8. Vuelvo en metro del trabajo.	.... en taxi.
9. .... 8 horas.	He trabajado 8 horas.

8. Complete con el verbo entre paréntesis en la forma adecuada del Presente o Pretérito Perfecto.

Ej.: *1. A. ¿(ver, tú)* <u>*Has visto*</u> *la última película de Saura?*
       B. No, todavía no.

2. Todos los domingos *(salir, nos.)* .... con los niños a la Casa de Campo, pero este domingo, *(quedarse, nos.)* .... en casa.
3. Yo siempre *(acostarse)* .... después de comer, pero hoy no *(poder)* ....
4.   A. Normalmente, ¿cuándo *(hacer, tú)* .... la compra?
     B. Depende. Casi siempre la *(hacer)* .... los viernes por la tarde.
5.   A. ¿A qué hora *(levantarse, tú)* .... ?
     B. A las 7. Pero hoy *(levantarse, yo)* .... a las 8.
6.   A. ¿Dónde *(estar, Vd.)* .... este verano?
     B. .... en la playa.
7.   A. ¿*(estar, Vd.)* .... alguna vez en el Carnaval de Río?
     B. No, nunca. Pero *(estar, yo)* .... varias veces en el de Cádiz.
8.   A. ¿Por qué no *(venir, tú)* .... a comer a casa hoy?
     B. Porque *(comer, yo)* .... un bocadillo con Andrés.
9. Generalmente, los españoles *(cenar)* .... muy tarde.
10.   A. Y vosotros, ¿qué *(hacer)* .... los domingos?
     B. Bueno, muchas cosas, *(dormir)* .... mucho,

(ir) .... a correr al Parque, *(llamar)* ....
a algunos amigos, y *(salir)* .... con ellos a algún sitio.
11. ¿Quién *(romper)* .... mi reloj?
12.   A. ¿Qué *(hacer, Vd.)* .... este fin de semana?
      B. Nada especial, *(descansar, yo)* ....y *(leer)* ....
      ....

9. Prepare preguntas como en el modelo.

Ej.: *1. Probar la comida japonesa.*
     ¿Has probado alguna vez la comida japonesa?

2. Subir en un avión.
....

3. Estar en Nueva York.
....

4. Trabajar de camarero.
....

5. Dormir en un parque.
....

6. Escribir poesías.
....

7. Comer caracoles.
....

10. Haga las mismas preguntas con USTED.

Ej.: *1. Probar la comida japonesa.*
     ¿Ha probado alguna vez la comida japonesa?

2. Subir en un avión.
....

3. Estar en Nueva York.
....

4. Trabajar de camarero.
....

5. Dormir en un parque.
....

6. Escribir poesías.
....

7. Comer caracoles.
....

aciertos__ / 18

11. Escriba una lista de algunas cosas que no ha hecho nunca.

Ej.: *Yo no he fumado puros nunca.*

....
....

Tema 13. Puntuación total __ / 118

IMPERATIVO

Observe

forma

IMPERATIVO

. Sólo tiene cinco personas porque no tiene la 1ª del singular.

. La 2ª persona del singular *(tú)* es igual que la 3ª persona del singular del Presente de Indicativo.

. La 2ª persona del plural *(vosotros/-as)* se forma cambiando por **-d** la **-r** del Infinitivo.

. Las demás personas son realmente del Presente de Subjuntivo.

IMPERATIVO (VERBOS REGULARES)

	hablar	comer	vivir
(tú)	habl-**a**	com-**e**	viv-**e**
(él/ella/Vd.)	habl-**e**	com-**a**	viv-**a**
(nosotros/-as)	habl-**emos**	com-**amos**	viv-**amos**
(vosotros/-as)	habl-**ad**	com-**ed**	viv-**id**
(ellos/-as/Vds.)	habl-**en**	com-**an**	viv-**an**

IMPERATIVO (VERBOS IRREGULARES)

. Muchas veces tienen la misma irregularidad del Presente de Indicativo en la 2ª y 3ª persona del singular y 3ª del plural; por ejemplo:

	Pres. Indicativo	**Imperativo**
cerrar	cierro, cierras, etc.	**cierra** (2ª sing.), **cierre** (3ª sing.)
		cerremos (1ª pl.), **cerrad** (2ª pl.), **cierren** (3ª pl.)

. Otras veces la irregularidad es total:

	decir	hacer	irse	poner	salir
(tú)	**di**	**haz**	**vete**	**pon**	**sal**
(él/ella/Vd.)	**diga**	**haga**	**váyase**	**ponga**	**salga**
(nosotros/-as)	**digamos**	**hagamos**	**vayamos**	**pongamos**	**salgamos**
(vosotros/-as)	**decid**	**haced**	**idos**	**poned**	**salid**
(ellos/-as/Vds.)	**digan**	**hagan**	**váyanse**	**pongan**	**salgan**

···· *USO* ··

1. El Imperativo se usa para dar órdenes, instrucciones y consejos:
> *Niños,* ***apagad*** *la televisión y* ***haced*** *los deberes.*
> *Primero* ***corte*** *los tomates y los pepinos, luego* ***eche*** *sal y aceite.*
> *Si buscas seguridad,* ***compra*** *este coche.*

2. Cuando el Imperativo se usa para dar una orden, muchas veces se suaviza con ***por favor***: *Roberto,* ***pon*** *la mesa,* ***por favor***.

3. Cuando el verbo va acompañado de un pronombre, éste va detrás:
> ***Sal tú*** *a la pizarra, Cristina.*
> ***Siéntese*** *ahí, por favor.*
> ***Ponte*** *las gafas.*

ejercicios

correcciones

1. Escriba la forma del Imperativo para 2ª persona singular (tú).

Ej. : *1. Estudiar más.*   *Estudia más.*

2. Abrir la ventana.   ....
3. Darme un papel.   ....
4. Apagar la televisión.   ....
5. Echar esta carta.   ....
6. Pagar la factura.   ....

aciertos___ / 5

7. Responder. ....

8. Sacar la basura. ....

9. Escuchar. ....

10. Dejarme el diccionario. ....

2. Escriba el Imperativo para USTED.

Ej.: *1. (Rellenar este papel.)*   *Rellene este papel.*

2. (Darme su pasaporte.)   ....

3. (Escribir aquí.)   ....

4. (Entrar por allí.)   ....

5. (Responder.)   ....

6. (Hablar más bajo.)   ....

7. (Ayudar a la secretaria.)   ....

8. (Comer más verduras.)   ....

9. (Vender su coche viejo.)   ....

10. (Lavar la ropa con jabón suave.)   ....

3. Complete la forma imperativa (tú y Vd.) de los siguientes verbos.

Ej.: *1. Venir a mi casa.*
     Ven a mi casa. (Tú)   *Venga a mi casa. (Vd.)*

2. Cerrar el libro.

   ....

3. Poner la radio.

   ....

4. Empezar ya.

   ....   Empiece ya.

5. Hacer los deberes.

   ....

6. Calentar la leche.

   ....   Caliente la leche.

7. Pedir la factura.

   ....

8. Despertar al niño.
   Despierta al niño.   ....

9. Conducir con prudencia.

   ....   Conduzca con prudencia.

10. Dormir más.

    ....

11. Volver pronto.
    Vuelve pronto.   ....

12. Coger el metro.

    ....   Coja el metro.

13. Oír.

    ....   Oiga.

14. Hacer la comida ya.

....

15. Salir de aquí.

....

16. Traer agua.

....

17. Cerrar la puerta.

....

18. Encender la luz.
     Enciende la luz.

19. Decirme tu / su dirección.   ....

....

20. Repetir el nombre.
     Repite el nombre.   ....

4. Complete con uno de los verbos del recuadro en forma imperativa.

cerrar	apagar	salir	<u>comprar</u>	hablar
llamar	hacer	dar(me)	venir	meter

Ej.: *1. Juan, <u>compra</u> el periódico, por favor.*

2. Sr. López, ... la ventana, por favor.
3. Carmen, ... la luz.
4. Sra. García, ... más alto.
5. Señorita, ... por teléfono al Sr. Cabrera.
6. Señor, ... por allí.
7. Mamá, ... dinero, no tengo ni un duro.
8. Miguel, ... la leche en el frigorífico.
9. Julio, ... los deberes.
10. Niño, ... aquí.

aciertos___ / 21

5. Imagine que es usted un ama de casa que se va de viaje por unos días. Escriba una lista de instrucciones para su marido e hijos.

Ej.: *Regad las plantas todos los días.*

....
....
....
....
....
....

IMPERATIVO + PRONOMBRES PERSONALES

Observe

---

forma

IMPERATIVO + PRONOMBRES PERSONALES

IMPERATIVO

+ **Pronombre Reflexivo (me, te, se, nos, os, se)**
  Levántate.

+ **Pronombre Objeto Directo (lo, la, los, las)**
  Cógelo.

+ **Pron. Reflexivo + Pron. Objeto Directo**
  Póntelo.

···· USO ··············

Los Imperativos se usan muchas veces acompañados de pronombres personales comple-mento; éstos van detrás y se escriben en una sola palabra:

> 1. Cuando el verbo es reflexivo:
>   *Juanita, **siéntate** de una vez.*

> 2. Cuando el verbo es reflexivo y lleva además un pronombre complemento:
>   *Tienes mucha barba, Daniel: **aféitatela**.*

3. Cuando un verbo lleva un pronombre en función de objeto directo (3ª persona: **lo, la, los, las**):

   *Toma el abrigo y **ponlo** en el armario.*

4. Con verbos reflexivos, para la 2ª persona del plural (vosotros):

   callar   *callad + os = **callaos***

ejercicios

1. Escriba la forma imperativa (tú y Vd.) para los siguientes verbos reflexivos.

Ej.: *1. Acostarse <u>acuéstate</u> (tú)   <u>acuéstese</u> (Vd.)*

2. Callarse
3. Lavarse
4. Levantarse
5. Relajarse
6. Sentarse
7. Ponerse
8. Ducharse
9. Tumbarse
10. Llevarse

2. Escriba la forma imperativa (Vosotros y Vds.) de los siguientes verbos.

Ej.: *1. Callarse   <u>Callaos</u> (vosotros)   <u>Cállense</u> (Vds.)*

2. Acostarse
3. Escuchar
4. Ayudar(me)
5. Estudiar
6. Leer
7. Sentarse
8. Salir
9. Colgar
10. Venir
11. Hablar
12. Lavarse
13. Llamar
14. Levantarse
15. Limpiar
16. Trabajar
17. Hacer
18. Poner

19. Traer ....
20. Escribir ....

3. *Responda a las frases, siguiendo el modelo.*

Ej.: *1. ¿Puedo traer ya el postre?*   *Sí, tráelo. (tú)*
                                      Sí, tráigalo. (Vd.)

2. ¿Puedo abrir las ventanas?   ....
                                ....

3. ¿Puedo probar el jamón?   ....
                             ....

4. ¿Puedo poner una cinta?   ....
                             ....

5. ¿Puedo apagar la luz?   ....
                           ....

6. ¿Puedo llevar este plato?   ....
                               ....

7. ¿Puedo encender la radio?   ....
                               ....

8. ¿Puedo coger tus pendientes?   ....
                                  ....

4. *Responda a las frases siguiendo el modelo.*

Ej.: *1. ¿Me pongo los zapatos negros?*   *Sí, póntelos.*
                                          Sí, póngaselos.

2. ¿Me pongo las gafas?   ....
                          ....

3. ¿Me pongo el traje azul?   ....
                              ....

4. ¿Me pongo la corbata?   ....
                           ....

5. ¿Le pongo el pijama a la niña?   Sí, pónselo.
                                    ....

6. ¿Le pongo las botas?   ....
                          ....

7. ¿Le pongo la chaqueta?   ....
                            ....

5. *Siga el modelo.*

Ej.: *1. Comprar el periódico.*   *Compradlo. (Vosotros)*
                                  Cómprenlo. (Vds.)

2. Lavar la ropa.   ....
                    ....

aciertos__ / 31

3. Regar las plantas. ....

4. Escuchar las noticias. ....

5. Probar esto. ....

6. Mirar aquellos cuadros. ....

7. Coger ese taxi. ....

8. Sacar la basura. ....

9. Limpiar los zapatos. ....

10. Hacer todos los ejercicios. ....

11. Leer esa novela. ....

12. Traer aquí la mesa. ....

aciertos__ / 20

Tema 15. Puntuación total __ / 95

COMPARACIÓN

Observe

Mi bicicleta es **mejor que** la tuya

No creo, la mía corre **tanto como** la tuya

---

forma

COMPARACIÓN

De los adjetivos

*María no es **tan alta como** su hermana.*

Comparativos regulares

más	+	adjetivo	+	**que**
menos	+	adjetivo	+	**que**
tan	+	adjetivo	+	**como**

Comparativos irregulares

Comparativo

bueno,-a,-os,-as	**mejor, mejores**	+	**que**
malo,-a,-os,-as	**peor, peores**	+	**que**
grande,-es	**mayor, mayores**	+	**que**
pequeño,-a,-os,-as	**menor, menores**	+	**que**

De los sustantivos

*Ellos tienen **tanto dinero como** nosotros.*

Verbo	+	**más**	+	sustantivo	+	**que**
Verbo	+	**menos**	+	sustantivo	+	**que**
Verbo	+	**tanto,-a,-os,-as**	+	sustantivo	+	**como**

Mi hijo *estudia tanto como* el tuyo.

Verbo	+	**más que**
Verbo	+	**menos que**
Verbo	+	**tanto como**

···· *USO* ··

1. Los adjetivos que tienen comparativos irregulares también se usan como regulares:
> Mi piso es **más pequeño que** el tuyo.
> Estas manzanas son **más buenas que** las de ayer.

2. Mayor y **menor** se refieren a la importancia o a la edad, más que al tamaño:
> Tu autoridad es **mayor que** la mía.
> Alicia es **menor que** su hermana Concha.

3. En la comparación de los sustantivos, **tanto, -a, -os, -as** varía según el género de éstos:
> Nadie tiene **tanto dinero como** él ni **tanta suerte** como tú.
> ¿Alguien tiene **tantos libros como** ella?
> Poca gente tiene **tantas plantas como** yo.

4. En la comparación adverbial, **más**, **menos** y **tanto** son invariables:
> Yo estudio **más que** tú.
> Tú estudias **menos que** yo.
> Él estudia **tanto como** ella.

5. *Bien* y *mal* tienen comparativos irregulares: **mejor** y **peor**.
> Cantas **mejor que** nosotros.
> Cantáis **peor que** ellos.

ejercicios

correcciones

1. Diga lo mismo de otra manera, como el modelo.

> Ej.: *1. Cristina es más alta que yo.*
> <u>*Yo soy más baja que Cristina*</u>.

2. Yo soy mayor que él.
....

3. Él es más rubio que ella.
....

aciertos__ / 2

4. Estos libros son mejores que aquéllos.

....

5. Estas casas son más modernas que aquéllas.

....

6. El búlgaro es más difícil que el francés.

....

7. Una hormiga es más pequeña que una mosca.

....

8. El vino es más caro que la cerveza.

....

9. Esta película es peor que la otra.

....

10. El Hotel Continental es más grande que el Miramar.

....

2. Complete las frases con TAN / TANTO / TANTA / TANTOS / TANTAS (......) COMO.

Ej.: *1. Mi hermano es* <u>*tan*</u> *alto* <u>*como*</u> *el tuyo.*

2. Un BMW no es .... caro .... un Rolls-Royce.
3. Mis hijos comen .... carne .... yo.
4. Yo no tengo .... libros .... mi padre.
5. No es necesario que hables .... alto........................ la televisión.
6. Los españoles no comen .... queso .... los franceses.
7. Yo no compro .... cosas .... tú.
8. Tus zapatos son .... viejos .... los míos.
9. Yo no puedo correr .... un atleta.
10. España no es .... grande .... Alemania.
11. Yo no gano .... dinero .... mi mujer.
12. Yo no tengo .... plantas .... mi vecino.
13. Mis hijos estudian .... los tuyos.
14. Este vestido no es .... bonito .... aquél.

3. Complete con COMO o QUE.

Ej.: *1. París es más grande* <u>*que*</u> *Madrid.*

2. Jaime no juega al fútbol tan bien .... él piensa.
3. Mis hijos no van al cine tanto .... los tuyos.
4. Tú comes tanto .... yo.
5. Tu habitación es un poco más grande .... la mía.
6. Aquel restaurante no es tan bueno .... me dijeron.
7. Vive tan cerca .... yo.
8. Trabajar es mejor .... estar en paro.
9. Mi hija ha crecido tanto .... la vuestra.
10. Vuestra hija ha crecido menos .... la mía.

aciertos__ / 40

4. Haga las comparaciones posibles.

Ej.: *1. A es más grande que B y C.*
B es más grande que C.
B es más pequeño que A.
C no es tan grande como B.

GRANDE
PEQUEÑO

MAYOR
MENOR

Emilio, 23 años   Maite, 28 años   Alberto, 31 años

2. ....
....
....
....
....

  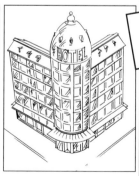

CARO
BARATO

Hotel Playasol:
72 euros /noche

Hotel Marimar:
30 euros /noche

Hotel Imperio:
50 euros /noche

3. ....
....
....
....
....

aciertos___ / 2

**ANTIGUO
MODERNO**

A. (siglo XII)　　　　B. (siglo XVII)　　　　C. (siglo XX)

4. ....
....
....
....
....

5. Escribe diez frases acerca de Belén y Antonio, haciendo comparaciones entre ellos.

Belén	**Antonio**.
1. Tengo 32 años.	Tengo 36 años.
2. Mido 1.60.	Mido 1.65.
3. Peso 57 kg.	Peso 73 kg.
4. Trabajo 4 horas/día.	Trabajo desde las 8 hasta las 15h.
5. Soy muy elegante.	No soy muy elegante.
6. No me gusta mucho el cine.	Me gusta el cine.
7. Leo poco.	Leo el periódico y novelas.
8. Hablo inglés y francés.	Hablo inglés.
9. Gano poco dinero.	Gano bastante dinero.
10. Voy a la discoteca todos los sábados.	Voy a la discoteca los sábados y domingos.

　　Ej.: *1. Belén es más joven que Antonio.*

2. Antonio es ....
3. ....
4. ....
5. ....
6. A Belén ....
7. ....
8. ....
9. ....
10. ....

*aciertos*__ / 10

6. Forme frases comparativas con los datos que le damos.

Ej.: *1. Madrid tiene 4 millones de habitantes, Barcelona, 3,5.*
Madrid tiene más habitantes que Barcelona.

2. Yo trabajo de 8 a 14 h. y Ana, de 15 a 22.
....

3. Mi marido pesa 70 kg. y su hermano, 82 kg.
....

4. Luisa duerme 7 horas diarias y Pepita, 8.
....

5. Este coche gasta 7 litros de gasolina/100 km. y aquél, 7,5.
....

6. Este libro tiene 600 páginas, y aquél también.
....

aciertos___ / 5

7. Compare estos dos dibujos y escriba algunas frases sobre ellos.

....
....
....
....
....
....
....
....
....
....
....
....

Tema 16. Puntuación total ___ / 59

VERBOS EN PRETÉRITO INDEFINIDO: REGULARES

Observe

1 ¿Dónde **viviste** entre 1992 y 1994?

En esos años **viví** en Barcelona

2 ¿Qué tal **ayer**?

Muy bien, **hablé** por fin con María y **comí** con ella

forma

VERBOS REGULARES: PRETÉRITO INDEFINIDO

	hablar	comer	vivir
(yo)	habl-**é**	com-**í**	viv-**í**
(tú)	habl-**aste**	com-**iste**	viv-**iste**
(él/ella/Vd.)	habl-**ó**	com-**ió**	viv-**ió**
(nosotros/-as)	habl-**amos**	com-**imos**	viv-**imos**
(vosotros/-as)	habl-**asteis**	com-**isteis**	viv-**isteis**
(ellos/-as/Vds.)	habl-**aron**	com-**ieron**	viv-**ieron**

···· USO ·····

1. El Pretérito Indefinido, que también se llama Perfecto Simple, se usa cuando queremos expresar una acción pasada y acabada. Puede ser una acción repetida o durativa:

El año pasado **vi** muchas veces a tu hermano.

Isabel **vivió** en Alemania más de 20 años.

2. Se usa en las biografías para enumerar hechos:

Víctor **trabajó**, **se casó**, y **vivió** en Sevilla.

3. Se usa con marcadores temporales como *ayer, la semana pasada, el año pasado, en abril, el lunes pasado, en 1945, hace tres meses*, etc.:

La semana pasada **vi** a tu hermano en el teatro.

1. Complete la tabla.

Ej.: *1. TOMAR*   tomé   tomó   tomaste

2. BEBER	....	....	....
3. ESCRIBIR	....	....	....
4. SALIR	....	....	....
5. CASARSE	....	....	....
6. NACER	....	....	....
7. VIVIR	....	....	....
8. TERMINAR	....	....	....
9. AYUDAR	....	....	....
10. RECIBIR	....	....	....
11. VER	....	....	....
12. RECIBIR	....	....	....
13. COMPRAR	....	....	....
14. VENDER	....	....	....

2. Siga el modelo.

Ej.: *1. (Ayer / escribir / cartas)*
     Ayer escribí unas cartas.

2. (El domingo / ver / película de Harrison Ford)
....

3. (La semana pasada / hablar / José Manuel)
....

4. (Anoche / cenar / mis padres)
....

5. (El año pasado / pasar las vacaciones / Grecia)
....

6. (El lunes / salir / Juan Antonio)
....

7. (Anoche / beber / demasiado)
....

8. (En 1989 / comprar / casa en la playa)
....

9. (El sábado / comer / restaurante tailandés)
....

10. (Ayer / no estudiar / español)
....

3. Haga lo mismo en 3ª persona del singular.

Ej.: *1. (Ayer / escribir / cartas)*
     Ayer escribió unas cartas.

2. (El domingo / ver / película de Harrison Ford)
....

3. (La semana pasada / hablar / José Manuel)

....

4. (Anoche / cenar / mis padres)

....

5. (El año pasado / pasar las vacaciones / Grecia)

....

6. (El lunes / salir / Juan Antonio)

....

7. (Anoche / beber / demasiado)

....

8. (En 1989 / comprar / casa en la playa)

....

9. (El sábado / comer / restaurante tailandés)

....

10. (Ayer / no estudiar / español)

....

4. Complete con el Pretérito Indefinido.

Normalmente...   **...pero *ayer***

Ej.: *1. Mª José coge el metro, cogió el autobús.*

2. ... ellos se levantan temprano, ... a las 10 h.
3. ...mi tía no me regala nada, ... un paraguas.
4. ...salimos con los amigos,   no ....
5. ...me ducho por la mañana, ... por la tarde.
6. ...salgo de casa a las 8.30, ... a las 8.
7. ...compramos en el mercado, ... en el supermercado.
8. ...mi jefe no bebe alcohol, ... bastante.
9. ...Ana come en casa, ... en una cafetería.
10. ... llegan a clase tarde, ... a tiempo.
11. ...no veo la tele, ... una película.

5. Complete las frases con el verbo adecuado del recuadro en Pretérito Indefinido.

limpiar	vivir	<u>acabar</u>	abrir	nacer
conocerse	llamar	empezar	comprar	ganar

Ej.: *1.El concierto <u>empez</u>ó a las 10 y <u>acabó</u> a la una de la madrugada.*

2. Mi primer hijo .... en 1985.
3. Camilo J. Cela .... el Premio Nobel de Literatura en 1989.
4. Andrés y Maribel .... en la Fiesta Mayor de las Navas.
5. ¿Quién .... por teléfono anoche?
6. ¿Dónde .... (vosotros) esa mesa? Es muy bonita.
7. Yo .... la ventana anoche porque tenía calor.
8. ¿Quién .... ayer mi mesa? Estoy buscando un papel y no

lo encuentro.
9. Antes de venir aquí, (nosotros) .... mucho tiempo en Austria.

6. Observe el ejemplo. El verbo está en Presente y Vd. debe escribir la misma persona en Pretérito Indefinido.

Ej.: *1. Lloro.* *lloré*

2. Gritan. ....
3. Pasamos. ....
4. Comprende. ....
5. Viajáis. ....
6. Abres. ....
7. Miran. ....
8. Ganáis. ....
9. Se levanta. ....
10. Llevan. ....
11. Salgo. ....
12. Gasto. ....
13. Escuchas. ....
14. Contestan. ....
15. Preguntamos. ....
16. Dirigen. ....
17. Arreglo. ....
18. Ordena. ....

7. ¿Qué hizo Vd. el domingo pasado? La respuesta puede ser afirmativa o negativa.

Ej. *1. (Despertarme antes de las 8.)* *Me desperté* antes de las 8.
                                        No me desperté antes de las 8.

2. (Comprar un disco.) ....
3. (Hablar español.) ....
4. (Correr por el parque.) ....
5. (Comer paella.) ....
6. (Limpiar la habitación.) ....
7. (Recoger la cocina.) ....
8. (Salir con los amigos.) ....
9. (Tomar el aperitivo.) ....
10. (Bailar en la discoteca.) ....

aciertos___ / 27

VERBOS EN PRETÉRITO INDEFINIDO: IRREGULARES

Observe

Fue una escritora muy famosa. Hizo muchos viajes, incluso fue al Polo Norte

Ya mayor vino a España y murió aquí

forma

Los pretéritos indefinidos de los verbos irregulares más frecuentes son:

	SINGULAR			PLURAL		
	1ª	2ª	3ª	1ª	2ª	3ª
dar	di	diste	dio	dimos	disteis	dieron
decir	dije	dijiste	dijo	dijimos	dijisteis	dijeron
estar	estuve	estuviste	estuvo	estuvimos	estuvisteis	estuvieron
hacer	hice	hiciste	hizo	hicimos	hicisteis	hicieron
ir	fui	fuiste	fue	fuimos	fuisteis	fueron
leer	leí	leíste	leyó	leímos	leísteis	leyeron
morir			murió			murieron
pedir	pedí	pediste	pidió	pedimos	pedisteis	pidieron
poder	pude	pudiste	pudo	pudimos	pudisteis	pudieron
poner	puse	pusiste	puso	pusimos	pusisteis	pusieron
querer	quise	quisiste	quiso	quisimos	quisisteis	quisieron

	SINGULAR			PLURAL		
	1ª	2ª	3ª	1ª	2ª	3ª
saber	**supe**	**supiste**	**supo**	**supimos**	**supisteis**	**supieron**
ser	**fui**	**fuiste**	**fue**	**fuimos**	**fuisteis**	**fueron**
tener	**tuve**	**tuviste**	**tuvo**	**tuvimos**	**tuvisteis**	**tuvieron**
venir	**vine**	**viniste**	**vino**	**vinimos**	**vinisteis**	**vinieron**

Igual que *leer* ➤ *construir*   *destruir*
Igual que *pedir* ➤ *servir*   *sentir*   *seguir*
Igual que *decir* ➤ *conducir*   *producir*   *traer*   *traducir*
     (**conduje ...**)   (**produje ...**)   (**traje ...**)   (**traduje ...**)

···· USO ···

1. No debe confundirse **fui** (de *ir*) con **fui** (de *ser*). Un marcador de dirección, por ejemplo la preposición **a**, lo identifica como indefinido de *ir*:

*Ayer **fueron** todos **a** clase de español.*
*En esa batalla todos **fueron** muy valientes.*

2. Los verbos compuestos se conjugan como los simples, por ejemplo, *proponer, reponer,* etc., se conjugan como *poner*:

*Jaime **propuso** ir al cine.*

ejercicios

correcciones

1. Escriba el verbo en la forma correspondiente del Infinitivo.

Ej.: *1. ir*   *fui*

2. .... dije
3. .... vine
4. .... pude
5. .... estuve
6. .... hice
7. .... llegué
8. .... traje

aciertos__ / 7

9. .... tuve
10. .... di

2. Siga el ejemplo.

Ej.: *1. TRAER,*   *nosotros trajimos*

2. PEDIR,	él	....
3. SENTIR,	yo	....
4. PONER,	ellos	....
5. MORIR,	él	....
6. TRAER,	Ud.	....
7. DECIR,	Vds.	....
8. SEGUIR,	ella	....
9. TRADUCIR,	yo	....
10. CONDUCIR,	yo	....
11. SABER,	vos.	....
12. LEER,	ellos	....
13. CONSTRUIR,	él	....
14. VENIR,	él	....
15. VENIR,	ellos	....
16. DECIR,	yo	....
17. PRODUCIR,	ellos	....
18. QUERER,	ella	....
19. SERVIR,	él	....
20. PONER,	nos.	....

3. Forme frases en Pretérito Indefinido con los siguientes elementos.

Ej.: *1. Picasso / nacer / Málaga*
        Picasso nació en Málaga.

2. (Gaudí / construir / *La Sagrada Familia* / Barcelona)
....

3. (Charles Chaplin / morir / Suiza)
....

4. (Edison / descubrir / electricidad)
....

5. (Beethoven / componer / la Novena Sinfonía)
....

6. (Cervantes / escribir / *El Quijote*)
....

7. (Franco / morir / 1975)
....

8. (La 2ª Guerra Mundial / empezar /1.939 / terminar / 1.945)
....

9. (Salvador Dalí / ser / pintor español)
....

4. Forme preguntas como en el ejemplo.

Ej.: 1. *Ir a clase.*
      ¿Fuiste a clase?

2. Pedir la cuenta.
....

3. Poner la lavadora.
....

4. Tener hijos.
....

5. Traer la ropa sucia.
....

6. Poder llamar a Concha.
....

7. Hacer la compra.
....

8. Dar propina.
....

9. Despedir a Andrés.
....

10. Ver la película.
....

5. Y ahora haga las preguntas con USTED.

Ej.: 1. *Ir a clase.*
      ¿Fue a clase?

2. Pedir la cuenta.
....

3. Poner la lavadora.
....

4. Tener hijos.
....

5. Traer la ropa sucia.
....

6. Poder llamar a Concha.
....

7. Hacer la compra.
....

8. Dar propina.
....

9. Despedir a Andrés.
....

10. Ver la película.
....

aciertos__ / 18

6. Siga el ejemplo.

Ej.: *1. Él ha construido un puente.*
Él construyó un puente.

2. El camarero ha servido las bebidas.
....

3. Yo he pedido la cuenta.
....

4. Los niños han puesto la televisión.
....

5. El médico no ha venido.
....

6. La fábrica ha producido muchos coches.

7. Nosotras no hemos traducido eso.
....

8. ¿Qué ha dicho Vd.?
....

9. Yo he conducido el coche hasta Madrid.
....

10. ¿Cuándo ha muerto ella?
....

11. ¿Qué han leído?
....

12. ¿Dónde has puesto el periódico?
....

13. ¿Qué ha pedido él?
....

14. Han venido del campo de fútbol.
....

15. No he sabido contestar.
....

16. ¿No ha leído Vd. el periódico?
....

17. Ellos han muerto en la guerra.
....

18. ¿Quién te ha traído?
....

19. ¿Quién ha venido?
....

20. Nosotros hemos puesto las flores en el jarrón.

21. Vds. han hecho un trabajo muy bueno.
....

22. No me has dado mi regalo.
....

23. ¿Cuántos libros has comprado?
....

*aciertos*___ / 22

correcciones

7. Complete las frases con el verbo adecuado.

decir	poder	leer	llegar	ponerse
estar	morir	ir	hacer	venir

Ej.: *1. El testigo no <u>dijo</u> toda la verdad.*

2. El lunes por la noche, (nosotros) .... al teatro.
3. A. ¿Qué .... (tú) para la fiesta?
    B. El traje azul marino.
4. No te llamé por teléfono porque no ....
5. El mes pasado ellos .... en Londres.
6. Luis y Angela no .... a mi boda.
7. Mi hija .... *El Quijote* con 10 años.
8. Mi marido ayer .... la comida.
9. El lunes .... tarde a clase.
10. Hace dos años .... su madre.

aciertos__ / 9

Tema 18. Puntuación total __ / 85

PRETÉRITO PERFECTO / PRETÉRITO INDEFINIDO

Observe

¿Qué has hecho este fin de semana?

¡Bah! El sábado fui a la discoteca, pero el domingo no salí, me quedé en casa

forma

- Recuerde los temas 13, 17 y 18.

PRETÉRITO PERFECTO	PRETÉRITO INDEFINIDO		
	Verbos en	-AR	-ER / -IR
he has ha hemos habeis han } + **Participio pasado**	Raíz + {	-é -aste -ó -amos -asteis -aron	-í -iste -ió -imos -isteis -ieron

···· USO ··

1. Los marcadores temporales condicionan el uso de Pretérito Perfecto o Pretérito Indefinido:

*Últimamente **he ido** mucho al cine.*
*El domingo pasado **me encontré** con Luis en el cine.*
*Este fin de semana **no he salido**.*
***Estuve** en Brasil **hace mucho tiempo**.*

2. Ya y ***todavía*** son marcadores que suelen acompañar al Pretérito Perfecto:

*¿**Ha llegado ya** tu padre?*
*No, **no ha llegado todavía**.*

3. Cuando no aparece ningún marcador temporal, se suele utilizar el Pretérito Perfecto:

¿Has visto mis fotos?

Victoria ha cambiado de trabajo.

4. Observe en estos microdiálogos el uso contrastado del Pretérito Perfecto y el Pretérito Indefinido:

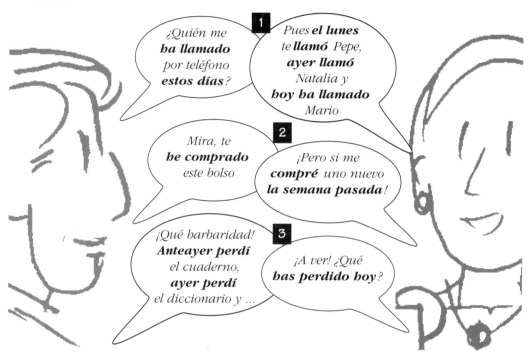

ejercicios

correcciones

1. Conteste a las preguntas con el tiempo adecuado.

Ej.: *1. A. ¿Has visto la última película de Carlos Saura?*
   B. Sí, la vi la semana pasada.

2. A. ¿Has estado alguna vez en Canarias?
    B. Sí, ... allí hace 3 años.
3. A. ¿Has probado el pescado crudo?
    B. Sí, lo .... cuando .... en Japón, el año pasado.
4. A. ¿Has hecho algún curso de Fotografía?
    B. Sí, ... uno cuando era joven.
5. A. ¿Has llamado a tu madre por teléfono?
    B. Hoy no, la .... el domingo.
6. A. ¿Has hecho la comida?
    B. Sí, la .... anoche.

aciertos__ / 6

correcciones

2. Diga si los tiempos subrayados le parecen correctos. Si no, escriba el adecuado.

Ej.: *1. Colón <u>ha descubierto</u> América en 1492*
           Incorrecto: descubrió.

2. ¿<u>Has recibido</u> alguna carta hoy?
....

3. ¿A qué hora <u>has terminad</u>o de trabajar?
....

4.   A. ¿Dónde está Juan?
     B. <u>Fue</u> al cine.
....

5. Esta noche <u>no he podido</u> dormir nada.
....

6. Esta mañana <u>me levanté</u> tarde.
....

7. ¿<u>Visteis</u> a María el domingo en la fiesta?
....

8. Últimamente <u>vi</u> muchas películas.
....

9. Estas vacaciones <u>fui</u> a Escocia.
....

10. Hace tres meses <u>hemos visto</u> una exposición de pintura
     muy buena.
....

11. El lunes pasado <u>no fueron</u> a trabajar.
....

12. Hace 2 horas <u>he visto</u> un accidente horrible de coche.
....

3. Escriba en el hueco el verbo correspondiente en Pretérito Indefinido o Pretérito Perfecto.

Ej.: *1. España <u>ha cambiado</u> mucho en los últimos años. (cambiar)*

2. Hoy .... a Andrea y ....
    un montón. *(ver, adelgazar)*

3. M. Vázquez Montalbán es escritor. .... varias
    novelas policíacas. *(escribir)*

4. Anoche *(nosotros)* .... a casa muy tarde. *(volver)*

5. Mi padre .... en Alemania mucho tiempo
    cuando era joven. *(vivir)*

6. Sr. González, ¿por qué .... tarde esta vez? *(llegar)*

7. El año pasado *(nosotros)* .... las vacaciones en
    Grecia. *(pasar)*

8. Loli .... su trabajo de peluquera el mes pasado.
    (dejar)

9. Hoy *(nosotros)* .... al mercado y ....

aciertos__ / 21

carne y pescado. *(ir, comprar)*

10. Alejandro no .... al teatro desde hace años. *(ir)*
11. Yo nunca .... una chica como ella, es maravillosa. *(conocer)*
12. ¿ .... mi carta? *(recibir)*
13. Tomás es periodista y .... por todo el mundo. *(viajar)*
14. ¿Vosotros nunca .... de vuestro país? *(salir)*
15. Pepito está muy alto. ¡Cómo ....! *(crecer)*
16. Mi abuelo .... hace poco tiempo. *(morir)*
17. Isabel ya .... tres veces. *(casarse)*
18. Mozart .... y .... en Viena. *(vivir y morir)*
19. Mi familia siempre .... en este barrio. *(vivir)*
20. Este año la cosecha de uva .... mala. *(ser)*

aciertos___ / 12

4. Piense en 5 actividades que ya ha realizado hoy y en otras 5 que todavía no ha realizado (y que piensa hacer).

    Ej.:   *Ya he ido a clase de español.*
            Todavía no he podido leer el periódico.

1. ....
   ....
2. ....
   ....
3. ....
   ....
4. ....
   ....
5. ....
   ....

Reacciones: *TAMBIÉN / TAMPOCO, ¡NO ME DIGAS!,*
¡QUÉ PENA! / ¡QUÉ SUERTE!

Observe

forma

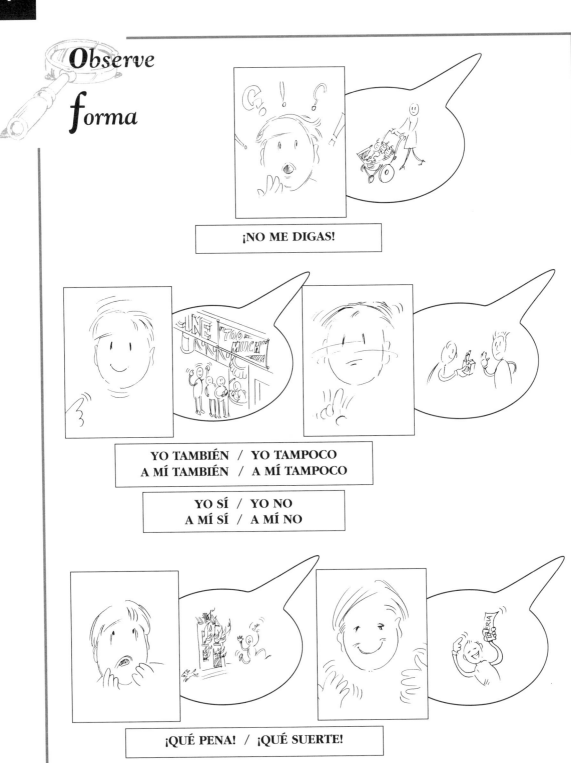

¡NO ME DIGAS!

YO TAMBIÉN / YO TAMPOCO
A MÍ TAMBIÉN / A MÍ TAMPOCO

YO SÍ / YO NO
A MÍ SÍ / A MÍ NO

¡QUÉ PENA! / ¡QUÉ SUERTE!

···· USO ····

1. Para expresar acuerdo con el que habla se usan **yo también, a mí también,** si la acción a la que se refieren es afirmativa y **yo tampoco, a mí tampoco** si la acción a la que se refieren es negativa:

> A. *Yo quiero ir al cine.*
> B. **Yo también.**
>> A. *A mí me ha gustado la película.*
>> B. **A mí también.**
>>> A. *Yo no quiero un cigarrillo.*
>>> B. **Yo tampoco** .
>>>> A. *A mí no me gusta el café.*
>>>> B. **A mí tampoco** .

2. Para expresar **desacuerdo** con el que habla se usan **yo no, a mí no,** si la acción a la que se refieren es afirmativa, y **yo sí, a mí sí**, cuando la acción es negativa:

> A. *Yo quiero ir a la playa.*
> B. **Yo no.** *Yo prefiero ir a la montaña.*
>> A. *A mí me gusta mucho esquiar.*
>> B. Pues **a mí, no** .
>>> A. *Yo no quiero ir a la discoteca.*
>>> B. **Yo sí** .
>>>> A. *A mí no me gusta la montaña.*
>>>> B. **A mí, sí** .

3. Para expresar **sorpresa** se usa **¡no me digas!**, o **¿sí?, ¿es posible?** sin esperar respuesta:

> A. *¿Sabes? Susana y Miguel han tenido trillizos.*
> B. **¡No me digas!**, *no lo sabía.*

4. Para expresar **pena** o **dolor** ante un hecho que nos cuentan se usa **¡qué pena!**:

> A. *Ha habido un incendio en casa y se me han quemado los libros.*
> B. **¡Qué pena!**

5. Para expresar **alegría** ante un hecho que nos cuentan se usan **¡qué suerte!**, **¡qué bien!**:

> A. *Me ha tocado la lotería.*
> B. **¡Qué suerte!**

6. Y si felicitamos a alguien por una buena noticia decimos **¡enhorabuena!**:

> A. *Me han nombrado Directora.*
> B. *¡Vaya!* **¡Enhorabuena!**

7. Para expresar **pena / dolor** por una desgracia se dice **lo siento**:

> A. *Se ha muerto mi abuelo.*
> B. **Lo siento** .

ejercicios

1. Muestre su acuerdo con TAMBIÉN / TAMPOCO.

Ej.: *1. A. Hoy estoy contento.*
      B. Yo también.

2. A. No tengo ganas de comer.
    B. Yo ....
3. A. Soledad fuma mucho.
    B. Manolo ....
4. A. A Julián le gustan las películas de miedo.
    B. A mí ....
5. A. A mis hijos les gusta patinar.
    B. A los míos ....
6. A. Juanjo no quiere dejar su trabajo.
    B. Yo ....
7. A. Voy a salir a tomar un café.
    B. Yo ....

2. Reaccione libremente usando una de las posibilidades del recuadro.

Yo sí	Yo también	A mí, sí	A mí, también
Yo no	Yo tampoco	A mí, no	A mí, tampoco

Ej. *1. A. Yo no he estado nunca en Pekín.*
      B. Yo sí (o yo tampoco).

2. A mí me encanta el chocolate.
   ....
3. Ayer no vi la tele.
   ....
4. Necesito tomarme un café ahora mismo.
   ....
5. Yo nunca he jugado al fútbol.
   ....
6. Me gustaría ser rico.
   ....
7. Yo no sé bailar flamenco.
   ....
8. Mañana no iré a trabajar.
   ....
9. A mí me parece que las guerras son inútiles.
   ....
10. Yo leo muchísimo.
    ....
11. A mí no me gustan las vacaciones.
    ....
12. Me encantan las vacaciones.
    ....

_aciertos___ **/ 17**

3. Relacione.

1. Sí, mi mujer murió hace 3 meses.
2. Pues sí, Juan Antonio y yo nos casamos.
3. ¡Por fin he encontrado trabajo!
4. El lunes próximo haremos otro examen.
5. A José Luis lo han despedido del trabajo.
6. Mi hermano está en el hospital.
7. Paco se ha fugado de la empresa con 300.500 euros

> a. ¿Sí?, ¿qué le pasa?
> b. ¡Qué rollo!
> c. ¿Sí?, ¡no me digas!
> d. Vaya, lo siento.
> e. Vaya, ¡qué pena!
> f. ¡Qué bien! me alegro mucho.
> g. ¡Enhorabuena!

Ej.:   1. .... *d*
2. ....
3. ....
4. ....
5. ....
6. ....
7. ....

4. Imagine que se encuentra en la calle con un amigo español que le da estas noticias. Reaccione.

Ej.: *1. Anita se ha ido a Hollywood a hacer una película.*
¿Sí?, ¡no me digas!

2. Mi hermana ha tenido trillizos.
....

3. Guillermo ha perdido a su perro.
....

4. A Peter le han robado la cartera y tiene que ir a denunciarlo.
....

5. Mi hijo tiene que repetir curso.
....

6. Me han tocado 10.000 euros en la lotería.
....

aciertos__ / 11

MUY/MUCHO-A-OS-AS, BUENO-A-OS-AS, BUEN/BIEN

Observe

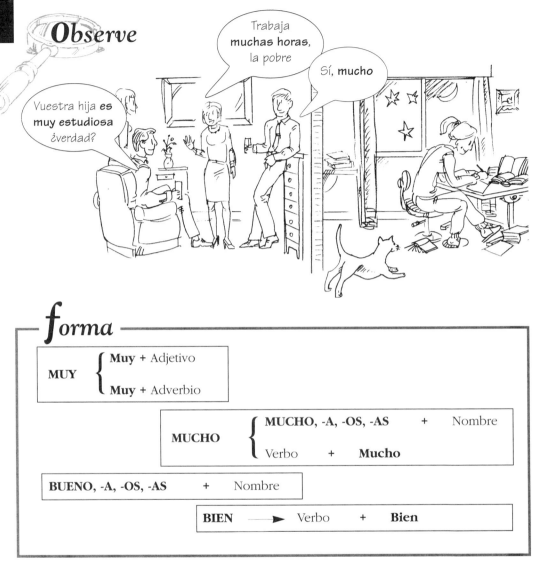

Vuestra hija **es muy estudiosa** ¿verdad?

Trabaja **muchas horas,** la pobre

Sí, **mucho**

forma

MUY	**Muy** + Adjetivo
	Muy + Adverbio

MUCHO	**MUCHO, -A, -OS, -AS** + Nombre
	Verbo + **Mucho**

BUENO, -A, -OS, -AS + Nombre

BIEN ⟶ Verbo + **Bien**

···· USO ··

1. Muy es invariable y acompaña a adjetivos y a adverbios:
   *Estoy **muy cansada**, me voy a dormir.*
   *Vive **muy cerca** de aquí.*

2. Mucho, -a, -os, -as varía de género y número si acompaña o se refiere a un nombre:
   *No necesito **mucho dinero**.*
   *Ha dicho **muchas cosas interesantes**.*

3. Mucho no varía cuando acompaña al verbo y funciona como un adverbio:
   *Sara **no come mucho**.*

4. Bueno, -a, -os, -as funciona como cualquier adjetivo calificativo; pierde la **-o** cuando va ante un nombre masculino singular:

> *Raúl es **bueno** con todo el mundo.*
>
> *Esta **película** es muy **buena**.*
>
> *Rafael es un **buen padre** para sus hijos.*

5. Bien es un adverbio y modifica al verbo:

> *Eso **está bien**.*

ejercicios

1. Complete las frases con MUY / MUCHO-A-OS-AS.

Ej.: *1. En la cola del cine había <u>mucha</u> gente.*

2. A .... niños no les gustan las verduras.
3. No puedo comprar ese abrigo, es .... caro.
4. A. ¿Has visto la casa de Mary Carmen?
   B. Sí, es .... bonita.
5. Yo voy .... veces a la piscina en invierno.
6. A. ¿Es .... rico Adolfo?
   B. Sí, creo que tiene .... dinero.
7. Paloma y Jaime tienen .... libros en casa.
8. Mi perro come .... carne, no le gusta el arroz.
9. En Madrid, en verano hace .... calor, y en invierno, frío.
10. Todavía quedan .... habitaciones libres en este hotel.
11. Los españoles consumen .... aceite de oliva.
12. El padre de Teresa está .... enfermo.
13. A nosotros nos gusta .... la música clásica y el teatro.
14. Jaime está cansado porque trabaja ....
15. ¿Vosotros salís .... de noche?
16. ¿Tu coche gasta .... gasolina?

2. Complete las frases con BUENO / BUEN / BIEN.

Ej.: *1. Fumar no es <u>bueno</u>.*

2. Éste es un .... coche, ¡lléveselo!
3. Esa falda te queda muy ....
4. Has hecho un .... negocio, de verdad.
5. María dice que su hijo es muy ....
6. Ese ordenador no es tan .... como el otro.
7. En Málaga siempre hace .... tiempo.
8. A. ¿Y su madre?
   B. Está muy .... , gracias.
9. No es .... comer tanta carne.

Tema 21. Puntuación total ___ / 24

FUTURO IMPERFECTO

Observe

De mayor **seré** *cantante*

Sí, sí Julia, **serás** *cantante*

1

¡En Nochevieja **tomaremos** *las doce uvas y* **brindaremos** *por el Año Nuevo!*

2

forma

FUTURO IMPERFECTO

El Futuro Imperfecto tiene las mismas terminaciones en las tres conjugaciones.

	cantar	beber	vivir
(yo)	cantar-**é**	beber-**é**	vivir-**é**
(tú)	cantar-**ás**	beber-**ás**	vivir-**ás**
(él/ella/Vd.)	cantar-**á**	beber-**á**	vivir-**á**
(nosotros/-as)	cantar-**emos**	beber-**emos**	vivir-**emos**
(vosotros/-as)	cantar-**éis**	beber-**éis**	vivir-**éis**
(ellos/-as/Vds.)	cantar-**án**	beber-**án**	vivir-**án**

Algunos futuros irregulares:

decir	**diré**, **dirás**, etc.
hacer	**haré**, **harás**, etc.
poder	**podré**, **podrás**, etc.
poner	**pondré**, **pondrás**, etc.
querer	**querré**, **querrás**, etc.
saber	**sabré**, **sabrás**, etc.
salir	**saldré**, **saldrás**, etc.
tener	**tendré**, **tendrás**, etc
venir	**vendré**, **vendrás**, etc.

Se usa para hablar de acciones futuras y aparece con marcadores temporales como *luego, más tarde, el año próximo, mañana, en el año 2050, el mes que viene,* etc.:

> A. *¿Has hecho los deberes?*
> B. *No, los **haré luego**.*

ejercicios

1. Complete el cuadro.

Ej.: *1. llevamos*   *llevaremos*   *(llevar)*

2.	trabajarás	(...........................)
3. llueve	....	(llover)
4. miran	....	(...........................)
5. envío	....	(...........................)
6. se llama	....	(...........................)
7.	olvidarás	(...........................)
8. cogen	....	(...........................)
9.	pasaréis	(...........................)
10.	comerás	(...........................)
11. empiezo	....	(...........................)
12. pescamos	....	(...........................)
13.	esperaré	(...........................)
14. voy	....	(...........................)
15.	sabrán	(...........................)
16. quieres	....	(...........................)

2. Complete el cuadro. Observe que todos son irregulares.

Ej.: *1. SALIR*   *saldré*   *saldrás*   *saldrá*

2. HACER	....	....	....
3. DECIR	....	....	....
4. PONER	....	....	....
5. PODER	....	....	....
6. TENER	....	....	....

3. Siga el modelo. Responda siempre negativamente.

Ej.: *1. ¿Has preparado las maletas?*
      No, las prepararé mañana.

2. ¿Has llamado por teléfono?
      No, ... esta noche.

3. ¿Has hecho los ejercicios?
   No, los .... más tarde.
4. ¿Habéis comprado el periódico?
   No, lo .... luego.
5. ¿Has limpiado las lámparas?
   No, la .... el sábado.
6. ¿Habéis leído esa novela?
   No, la .... en vacaciones.
7. ¿Has sacado dinero del banco?
   No, lo ....
8. ¿Habéis visto la película de Tony?
   No, la ....
9. ¿Me has traído el abrigo?
   No, lo ....
10. ¿Has ido ya al médico?
    No, ...

4. Construya frases siguiendo el modelo.

Ej.: *1. (Carmen aprobar el examen)*
   Yo creo que Carmen aprobará el examen.

2. (Ellos venir pronto)
   ....
3. (Andrés casarse este verano)
   ....
4. (Tu marido encontrar trabajo pronto)
   ....
5. (Mañana hacer mejor tiempo)
   ....
6. (Yo no ir a trabajar mañana)
   ....
7. (Yo decírselo a Laura esta noche)
   ....
8. (Nosotros ir de vacaciones a Mallorca)
   ....
9. (Él poner la lavadora esta tarde)
   ....
10. (Alfonso y Lola pasar por casa más tarde)
    ....

5. Haga las preguntas.

Ej.: *1. (Venir a mi casa)*
   ¿Cuándo vendrás a mi casa?

2. (Salir de trabajar)
   ....

aciertos__ / 18

3. (Ir a comprar)

....

4. (Poder terminar eso)

....

5. (Hacer la comida)

....

6. (Volver a telefonear)

....

6. Haga el mismo ejercicio con USTED.

Ej.: 1. *(Venir a mi casa)*
   ¿Cuándo vendrá a mi casa?

2. (Salir de trabajar)

....

3. (Ir a comprar)

....

4. (Poder terminar eso)

....

5. (Hacer la comida)

....

6. (Volver a telefonear)

....

7. Complete los huecos con el verbo más adecuado en futuro.

volver	hacer	engordar	ser
devolver	ir(2)	dejar	venir

Ej.: 1. *Préstame algo de dinero. A final de mes te lo devolveré.*

2. Marta se va de viaje, pero .... dentro de unos días.
3. Fumas demasiado, ¿cuándo .... de fumar?
4. A. ¿Dónde .... (vosotros) de vacaciones este año?
    B. No sé, seguramente .... al pueblo de Joaquín.
5. Si sigues comiendo así, ...
6. Yo creo que Sonia y Roberto .... muy felices si se casan.
7. Confía en mí, yo nunca te .... daño.
8. No sé si Fernando .... el sábado a mi fiesta de cumpleaños.

aciertos__ / 17

Tema 22. Puntuación total __ / 56

PREPOSICIONES: A, CON, DE, DESDE, EN

Observe

Isabel y Juan **van a París**

Isabel y Juan **vienen de París**

forma

A	CON	DE	DESDE	EN

- Son invariables, pero

$$A + EL = AL$$
$$DE + EL = DEL$$

- Van delante del nombre al que acompañan.

- **A** también va delante de Infinitivo.
  Recuerde el tema 10: **IR A + INFINITIVO**.

···· *USO* ····

1. A

Se usa para expresar:

Destino:
  Llega a Madrid mañana.
  Voy a la clase de matemáticas.

Hora:
  Empiezo **a las 8**.

Objetivo / Finalidad / Complemento indirecto:
 Voy a comprar el pan.
 ¿Le has comprado los zapatos a la niña?

Complemento directo de persona:
 He visto a tu marido en la cafetería.
 ¿Has oído al Presidente en la radio?

2. CON

Se usa para expresar:

Compañía:
 Vive con sus padres.

Instrumento / Modo:
 Lo ha hecho con lápiz y papel.
 Trabaja con mucho interés.

3. DE

Se usa para expresar:

Posesión:
 A. *¿De quién es* este coche?
 B. *De mi hermana.*

Material:
 Quiero *un jersey de lana*.
 A mí me gusta *el helado de fresa*.

Origen en el tiempo y el espacio:
 Este café *es de Colombia*.
 El tren que *viene de Londres* llega a las tres.
 Trabaja de 8 de la mañana a 8 de la noche.

Modo:
 El abuelo siempre *está de buen humor*.
 ¡Loli, el niño *se ha puesto de pie*!

Momento del día al decir las horas:
 Son las cinco de la mañana.

Datos de una descripción:
 La chica del sombrero y *el hombre de la barba* son amigos míos.

4. DESDE

Se usa para expresar:

Origen en el tiempo y el espacio:

Ha venido andando **desde su pueblo**.

Vivimos aquí **desde 1978**.

Vimos el desfile **desde el balcón**.

No lo he visto **desde el domingo pasado**.

5. EN

Se usa para expresar:

Lugar / Posición:

Lo vi **en la mesa**.

Medio de transporte:

Iré **en avión** *y volveré* **en barco**.

Tiempo:

Santiago vino **en abril**.

En 1945 *terminó la segunda Guerra Mundial*.

En otoño *caen las hojas de los árboles*.

6. Hay verbos que siempre llevan una preposición fija, por ejemplo, *ir* **a** + *infinitivo, soñar* **con**, *acordarse* **de**, *pensar* **en**, etc.:

Anoche **soñé con mi prima Luz**.

¿Te acuerdas de nosotros?

Pienso *mucho* **en ti**.

ejercicios

1. Complete con la preposición EN + una de las siguientes palabras.

la playa	la piscina	bicicleta	un supermercado
1492	un parque	el tren	la televisión
un pueblo	la Universidad	la cocina	la cama

Ej.: 1. Mis amigos han llegado <u>en el tren</u> de París.

2. Vivimos .... de Andalucía.
3. Me encontré con Sarita y Vicente ....
4. No puedo bañarme .... porque soy alérgica al cloro.
5. Hemos estado de vacaciones ....
6. Ayer vi una película italiana ....
7. Estaba enfermo y me quedé ....
8. Conocí a mi mujer .... paseando al perro.
9. A. ¿Dónde está tu marido?
    B. ...., haciendo la comida.

aciertos___ / 8

10. Normalmente compro .... del centro.
11. Mis hijos van siempre al colegio ....
12. La primera gramática española se publicó ....

2. Complete con las preposiciones A / DE / EN.

Ej.: 1.Voy a llamar a los niños para merendar.

2. Le he comprado un regalo .... mi marido.
3. Hoy he visto .... Fran .... la calle.
4.   A. ¿ .... qué hora abren el banco?
     B. Creo que .... las 8.30.
5. Esta falda .... algodón me gusta más.
6. El verano pasado fuimos .... Londres.
7. Las llaves están .... el bolsillo .... mi chaqueta.
8. Normalmente vengo .... clase .... metro.
9. Mi familia está .... vacaciones .... Marbella.
10. José Luis vive cerca de aquí y viene siempre .... pie.
11. Ayer llegué tarde .... clase .... matemáticas.
12. Quiero un helado .... chocolate.
13.   A. ¿ .... quién es este paraguas?
      B. .... mi hermana.
14. María José no está .... casa, ha ido .... comprar
      .... "Almacenes Sol".
15. Hoy me he levantado .... la una .... la tarde.
16. ¿ .... dónde son estas camisas?
17. Hay una mesa enorme .... medio .... la habitación.
18. La casa .... Cristina es preciosa.
19. Mis padres vinieron .... mi casa .... febrero.
20. Amparo y Pepe estuvieron .... Mallorca .... vacaciones.
21. Allí se habló .... política, ... economía y ....
    religión.

3. Complete los huecos con DE / DESDE.

Ej.: 1. No he visto a mis padres desde el mes pasado.

2. ¿ .... dónde vienes a estas horas?
3. ¿ .... dónde estás llamando?
4. ¿ .... quién es la carta?
5. Mi padre está en Berlín .... hace dos semanas.
6. Los grandes almacenes abren .... 10 a 8 ....
   la tarde.
7. Ya está bien, estoy esperándote .... las cinco.
8. Berta y Ángel llevan casados .... 1965.
9. Este vino es .... 1989.
10. Mira, ... aquí se puede ver toda la ciudad.
11. .... que murió su marido está muy triste.
12. Sí, señora, éste es el tren que viene .... Sevilla.

aciertos___ / 49

4. Complete los huecos con DE / CON.

Ej.: *1. Mi marido siempre está <u>de</u> mal humor.*

2. A. ¿Dónde iréis .... vacaciones?
   B. No sé, depende .... trabajo de Pepe.
3. A. ¿ .... quién se casó Manoli?
   B. ¿No lo sabes?, ... Luis, el profesor de Matemáticas.
4. A. ¿ .... quién es esta novela?
   B. .... Juana Garriga, una escritora nueva.
5. Estoy agotado, he estado todo el día .... pie.
6. ¿El hombre alto .... las gafas .... sol es tu jefe?
7. Anoche soñé .... el protagonista de *Tierras lejanas.*
8. Yo siempre escribo .... pluma estilográfica.
9. La última canción de este grupo es .... amor, claro, como las otras.
10. .... tanto ruido no se puede trabajar.
11. Hay que limpiar esta habitación, está llena .... polvo.
12. Sí, aquella .... pelo rubio y corto es mi novia.

5. De estas frases, siete tienen incorrecciones en la preposición. Diga cuáles son y corríjalas.

Ej.: *1. Pablo siempre va a trabajar con autobús.*
Es incorrecta:
Pablo siempre va a trabajar <u>en</u> autobús.

2. El hombre con el pelo rizado es mi marido.
....

3. A Carmen y a mí nos gusta mucho pasear en el parque.
....

4. Los bancos no abren normalmente por la tarde.
....

5. Hoy el profesor ha llegado tarde en clase otra vez.
....

6. ¿Dónde vais a ir de vacaciones?
....

7. Buenos días, ¿tienen camisas con algodón?
....

8. Ayer me levanté a las diez por la mañana.
....
....

aciertos__ / 22

9. A. ¿Qué haces?
    B. Nada, sólo estoy pensando de mi novia.

....
....

10. El viernes fuimos a ver una película de un director nuevo.

....
....

11. De vacaciones leo mucho.

....
....

12. Por las noches nos gusta ir a bailar.

....
....

13. En mi clase hay sólo diez alumnos.

....
....

aciertos__ / 5

Tema 23. Puntuación total __ / 84

PREPOSICIONES: PARA, POR

Observe

forma

PARA	POR

- Son invariables y van delante de un nombre o de un infinitivo.

···· *USO* ···

1. PARA

Se usa para expresar:

Objetivo / Finalidad / Complemento indirecto:
> *He venido **para ayudar, no para discutir**.*
> ***Para llegar hasta allí** hay que atravesar esas montañas.*
> *Este jersey **no es para ti, es para Juan**.*

Dirección:
> *Perdone, ¿este tren **va para Zaragoza**?*

Tiempo:
> *Necesito estas fotos **para el lunes**, ¿podrá hacérmelas?*

2. POR

Se usa para expresar:

Causa:
> *Lo detuvieron **por robar** en un banco.*
> *Murió **por amor** a su patria.*

Tiempo:
> *Llega **el lunes por la mañana.***

Lugar / medio:
> *Perdone, ¿este tren **pasa por Zaragoza**?*
> *A alguna gente le encanta **salir por la tele**.*
> *¿A quién **llamas por teléfono**?*
> *Te lo **mandaré por fax**.*

Complemento agente en la voz pasiva:
> *Esta película **ha sido dirigida por Luis Costa**.*

 *ejercicios*

1. Forme las frases adecuadas tomando una parte de cada recuadro y diga qué expresa la preposición (para / por).

1. Los domingos por la tarde ...
2. A Marisa le encanta ...
3. La autopista nueva ...
4. Para mañana, ...
5. Vendré mañana ...
6. Mira qué coche me he comprado ...
7. ¿Para quién ...
8. ¿Para qué ...
9. ¿Este autobús ...
10. Adiós y ...

A.	...pasa por la Pza. Mayor?
B.	...es esto?
C.	...gracias por todo.
D.	...por sólo 30.000 euros.
E.	...quieres las tijeras?
F.	...veo el partido en la tele.
G.	...pasear por el campo.
H.	...para ayudarte.
I.	...pasa por Valencia.
J.	...haced estos ejercicios.

ejercicios

Ej.: *1. - F.*
Los domingos <u>por la tarde</u> veo el partido en la tele.
<u>Por</u> : expresa tiempo.

2. ....
....
....

3. ....
....
....

4. ....
....
....

5. ....
....
....

6. ....
....
....

7. ....
....
....

8. ....
....
....

9. ....
....
....

10. ....
....
....

2. Complete los huecos con POR / PARA.

Ej.: *1. ¿Aquí tienen vestidos <u>para</u> novias?*

2. ¿Todavía estás hablando .... teléfono?
3. Esto lo ha mandado .... su hija.
4. No te preocupes más .... tus hijos, ya son mayores.
5. María se ha caído .... la escalera y se ha roto el tobillo.
6. Esta película ha sido realizada .... el mismo realizador de "Sol y sombra".
7. .... llegar allí, tienes que girar a la izquierda después de la gasolinera.
8. No vivo .... trabajar, sino que trabajo .... vivir.
9. Tendrá el coche listo .... el lunes.
10. .... ir a las playas del Caribe no necesitas mucha ropa.
11. Zapata luchó .... la libertad de su país.
12. La ciudad fue destruida .... las bombas.

aciertos___ / 28

13. Eso le pasa .... meterse donde no lo llaman.
14. No llegamos a tiempo a la recepción .... culpa de Carmen.
15.   A. ¿Hay algo en el buzón?
      B. Sí, una carta .... Rosa.
16. ¿Has pasado .... la panadería .... comprar el pan?
17. ¡Qué bonito! ¿Es .... mí?
18. En España, los coches circulan .... la derecha.
19. Llegamos enseguida porque Manolo venía a 200 km. .... hora.
20. ¿ .... quién es este jersey?

_aciertos__ / 9_

Tema 24. Puntuación total __ / 37

PRETÉRITO IMPERFECTO

Observe

Yo antes **corría** mucho, pero ahora no puedo

---

f orma

PRETÉRITO IMPERFECTO

• Todos los verbos regulares y la mayoría de los irregulares forman el Pretérito Imperfecto según los modelos siguientes:

	cantar	beber	vivir
(yo)	cant-**aba**	beb-**ía**	viv-**ía**
(tú)	cant-**abas**	beb-**ías**	viv-**ías**
(él/ella/Vd.)	cant-**aba**	beb-**ía**	viv-**ía**
(nosotros/-as)	cant-**ábamos**	beb-**íamos**	viv-**íamos**
(vosotros/-as)	cant-**abais**	beb-**íais**	viv-**íais**
(ellos/-as/Vds.)	cant-**aban**	beb-**ían**	viv-**ían**

• Imperfectos irregulares:

ser	ir	ver
era	**iba**	**veía**
eras	**ibas**	**veías**
era	**iba**	**veía**
éramos	**íbamos**	**veíamos**
erais	**ibais**	**veíais**
eran	**iban**	**veían**

···· USO ··

1. El Pretérito Imperfecto expresa acciones pasadas no acabadas, acciones habituales y repetidas en el pasado:

> **Cuando eramos pequeños**, *todos los domingos **íbamos** al río.*
> *Ahora no fumo, pero **antes fumaba** mucho.*

2. Muchas veces se usa para expresar la causa de un hecho también pasado:

> *Ayer no vine a clase **porque estaba enfermo**.*
> **El domingo pasado había una película en la tele y no salimos.**
> **Como no tenía tabaco**, *bajé un momento a comprar un paquete.*

3. Para hacer una descripción en pasado:

> **La piscina** *de los Martínez **era más grande** que la nuestra.*
> **Hacía un frío horrible, la noche estaba muy oscura** *y, de pronto, oímos un gran estruendo.*

ejercicios

correcciones

1. Escriba estas personas en Pretérito Imperfecto de los siguientes verbos.

	YO / ÉL / ELLA / VD.	NOSOTROS / -AS
Ej.: *1. ESCRIBIR*	*escribía*	*escribíamos*
2. VIVIR	....	....
3. ESTUDIAR	....	....
4. TRABAJAR	....	....
5. HACER	....	....
6. IR	....	....
7. ESTAR	....	....
8. SER	....	....
9. VENIR	....	....
10. PASAR	....	....
11. SALIR	....	....
12. BEBER	....	....
13. VER	....	....
14. DAR	....	....

2. Complete el cuadro.

Ahora:	**Cuando era joven:**
Ej.: *1. Como fruta todos los días.*	*No comía fruta.*

ejercicios

correcciones

2. Leo el periódico a menudo.　　　.................... el periódico
de vez en cuando.

3. Me levanto a las 7.　　　　　　.................................
más tarde.

4. Sólo .... en verano.　　Nadaba todos los días.

5. No voy al cine casi nunca.　　　.................... una vez
a la semana.

6. No .... ejercicio nunca.　　Hacía más ejercicio.

7. Estudio chino y japonés.　　　No .... nada.

8. Gano mucho dinero.　　　　　....................... poco dinero.

9. Me gusta la música clásica.　　....................... la música rock.

10. .... el piano.　　No tocaba nunca el piano.

3. Siga el modelo.

> Ej.: *1. (No ir a trabajar. / Estar enfermo.)*
> *Ayer no fui a trabajar porque estaba enfermo.*
> *Como estaba enfermo, ayer no fui a trabajar.*

2. (Coger un taxi. / Haber huelga de metro.)
....
....

3. (No salir. / Estar lloviendo.)
....
....

4. (No comer. / No tener hambre.)
....
....

5. (No llamarte. / No tener tu teléfono.)
....
....

6. (Acostarme pronto. / Estar cansada.)
....
....

7. (No ir a la discoteca contigo. / Tener que estudiar.)
....
....

8. (Llegar tarde a clase. / Haber un atasco.)
....
....

4. Complete los huecos con el verbo en Pretérito Imperfecto. Observe su uso.

> Ej.: *1. Luisa y Javier ahora viven en Madrid, pero antes vivían en Sevilla. (vivir)*

2. A mi hermano no le gusta la leche, pero cuando ....
pequeño le .... mucho. *(ser, gustar)*

3. ¿Vosotros .... de noche, antes de nacer vuestros hijos? *(salir)*

4. ¿Tú .... a la playa de vacaciones, de pequeño? *(ir)*

5. Siempre que *(yo)* .... a casa de mi abuela, me .... galletas con chocolate. *(ir, dar)*

6. Hasta hace poco, María .... café después de comer, pero el médico se lo ha prohibido. *(tomar)*

7. Nos tuvimos que venir de la sierra porque Juanito .... gripe. *(tener)*

8. Cuando .... la escalera tranquilamente, se cayó y se rompió una pierna. *(bajar)*

9. La casa donde .... mi marido de pequeño .... grande y antigua. .... unas ventanas enormes que .... a un patio. Siempre .... frío en aquella casa, en invierno y en verano. *(vivir, ser, tener, dar, hacer)*

10. En la fiesta de Blas, conocí a un chico que .... perfectamente seis idiomas. *(hablar)*

5. Complete con uno de los verbos del recuadro en Pretérito Imperfecto.

hablar	acostarse	ser	estar	encontrarse
bailar	haber	pensar	tener	estudiar ir

Ej.: *1. En verano, todas las noches (ellos) se acostaban muy tarde.*

2. El lunes no fui a trabajar porque .... mal.

3. El lunes no fui a trabajar porque .... mala.

4. Antes de la guerra en este país .... muchos problemas políticos.

5. ¿(tú) .... que todos los españoles .... bien castellano?

6. Cuando Elena .... 19 años .... en la Universidad.

7. Jaime y Puri, cuando .... jóvenes, ... muy bien flamenco.

8. Ayer, cuando .... a clase, vi un accidente.

aciertos___ / 23

6. ¿Qué piensa Vd. que hacía la gente antes de inventarse la televisión? Escriba un párrafo sobre las actividades del tiempo libre que hacían nuestros abuelos.

....

....

....

....

....

....

....

PRETÉRITO IMPERFECTO / PRETÉRITO INDEFINIDO

Observe

Ayer **llovía** mucho y **no salimos?** Tú ¿qué **hiciste?**

---

forma

Terminaciones

PRETÉRITO IMPERFECTO		PRETÉRITO INDEFINIDO	
<u>-ar</u>	<u>-er</u> / <u>-ir</u>	<u>-ar</u>	<u>-er</u> / <u>-ir</u>
-aba	-ía	-é	-í
-abas	-ías	-aste	-iste
-aba	-ía	-ó	-ió
-ábamos	-íamos	-amos	-imos
-abais	-íais	-asteis	-isteis
-aban	-ían	-aron	-ieron

USO

1. El Pretérito Imperfecto expresa acciones inacabadas. / El Pretérito Indefinido expresa acciones acabadas:

*En mi pueblo **teníamos dos escuelas**.*

*En mi pueblo **tuvimos dos escuelas hasta el año pasado**.*

2. El Pretérito Imperfecto expresa acciones repetidas y en desarrollo. / El Pretérito Indefinido expresa acciones que han pasado una sola vez:

> *Antes* ***generalmente veíamos una película y nos acostábamos*** *a la una.*
> ***Anoche vimos una película y nos acostamos*** *a la una.*

3. Cuando hay marcadores temporales que indican límite de la acción, el tiempo adecuado es el Pretérito Indefinido:

> ***El año pasado estuve*** *en Viena.*
> ***Desde 1980 a 1990 viví*** *en Madrid.*
> *Los Martínez* ***estuvieron*** *aquí* ***mucho tiempo*** *.*

4. Algunas veces, sólo el contexto puede explicar la intención del hablante al utilizar uno u otro tiempo:.

a)   *En verano fuimos a ver a mis padres.*
b)   *En verano íbamos a ver a mis padres.*

En a) alguien está contando lo que hicieron en un año concreto; en b) alguien está contando lo que solían hacer todos los veranos en la época de la que está hablando.

5. Si aparecen juntos, el Pretérito Indefinido expresa la acción principal. El Pretérito Imperfecto describe la causa o las circunstancias de la acción principal.

> ***Cuando ya estábamos todos de acuerdo, Óscar dijo que no.***
> ***Como ayer el niño tenía fiebre, lo llevé al médico.***
> ***Dormía profundamente cuando sonó el teléfono.***
> ***El otro día comprasteis unos helados que tenían una fresa riquísima.***

ejercicios

1. Maribel antes era profesora en un pueblo y ahora se ha trasladado a Sevilla. Éstas son las diferencias entre su vida habitual en el pueblo y lo que hizo ayer, que empezó el curso.

En el pueblo, todos los días ...	pero ayer...
Ej.: 1. (ir)	
... *iba* andando a trabajar,	... *fui* en autobús.
2. (comer)	
.... en casa,	.... en el comedor escolar.
3. (ver)	
.... a mi amiga Lola,	no..................... a ningún amigo.
4. (jugar)	
.... al mus,	no..................... a nada especial.

aciertos__ / 6

5. *(salir)*

.... después de
cenar,   no ....

6. *(ver)*

no .... la tele, ... la tele hasta
las 12.

2. Tache el tiempo que no sea correcto.

Ej.: *1. Ayer no salíamos / __salimos__ de casa.*

2. Federico *trabajó / trabajaba* muchos años en Suiza.
3. Mi abuelo *fumaba / fumó* en pipa.
4. Mi abuelo *fumaba / fumó* en pipa toda su vida.
5. Los periódicos antes *eran / fueron* más sinceros.
6. Cuando yo *vivía / viví* en Canadá no *había / hubo* problemas de paro.
7. Alejandro y yo *jugamos / jugábamos* varias partidas de ajedrez el domingo pasado.
8. Cuando mis abuelos *venían / vinieron* a mi casa, mi madre les hizo chocolate.
9. En 1980 *estuve / estaba* tres veces en París.
10. Los árabes *vivían / vivieron* en España 800 años.
11. Mi abuela *cantaba / cantó* ópera.
12. Después de la cena siempre *veíamos / vimos* la televisión antes de irnos a la cama.
13. Una vez, mi tío Claudio *cantó / cantaba* una ópera por su cumpleaños.
14. Ayer los vecinos *tuvieron / tenían* la radio puesta hasta las tres de la madrugada.
15. En verano por las noches siempre *tomábamos / tomamos* café y *charlábamos / charlamos* hasta las tres en esa cafetería.
16. Antes mi padre me *llevaba / llevó* en moto a la escuela.
17. El lunes, cuando *recibía / recibí* tus cartas me *puse / ponía* muy contento.
18. Siempre que *recibía / recibí* tus cartas, me *puse / ponía* muy contento.

3. Complete con el verbo en el tiempo más adecuado (Pretérito Imperfecto o Pretérito Indefinido).

Ej.: *1. El verano pasado __llovió__ mucho. (llover)*

2. Cuando yo .... 18 años, ... un accidente de moto. *(tener, tener)*
3. Luisa .... de su casa porque su padre .... muy autoritario. *(irse, ser)*
4. El profesor nos .... un examen muy difícil la última vez. *(poner)*
5. El domingo yo .... a una chica que .... de un país centroamericano. *(conocer, ser)*

6. A. ¿Qué tal el viaje a Toledo?
   B. Muy bien, ... estupendamente *(nosotros, pasárselo)*
7. La película que *(yo)* .... el viernes ....
   mucho. *(ver, gustar)*
8. Antes de venir a Madrid, ... 3 años en Zaragoza. *(vivir)*
9. Nosotros no .... al concierto porque ....
   un montón de gente en la cola. *(entrar, haber)*
10. Como no .... entradas, no .... oír a Silvio
    Rodríguez. *(tener, poder)*
11. Los Pérez .... hace tres años un chalé que ....
    una piscina grandísima. *(alquilar, tener)*
12. Cuando se casó con Julio, Angelina ya .... un hijo.
    (tener)
13. Cuando yo .... a casa de mi tía, la mesa ....
    preparada para tres. *(llegar, estar)*

aciertos___ / 13

**4. Piense en varias cosas que en el pasado realizaba habitualmente
y que el año pasado / ayer no hizo.**

Ej.: *Antes siempre celebraba mi cumpleaños, pero el año pasado
no invité a nadie.*

....
....
....
....
....
....
....
....
....

Tema 26. Puntuación total ___ / 48

Obligación y prohibición: HAY QUE, TENER QUE, (NO) SE PUEDE

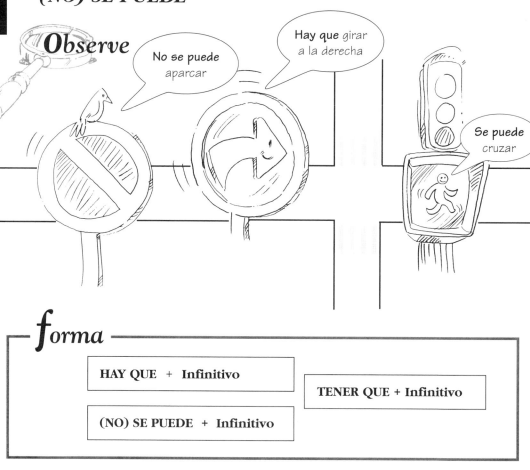

Observe

No se puede aparcar

Hay que girar a la derecha

Se puede cruzar

forma

HAY QUE + Infinitivo

TENER QUE + Infinitivo

(NO) SE PUEDE + Infinitivo

···· USO ····

1. Hay + que + Infinitivo es invariable y sirve para expresar obligaciones generales, impersonales:

*Para entrar en la discoteca **hay que pagar**.*

2. Tener + que + Infinitivo se usa para expresar obligaciones personales (de una persona o un grupo de personas concreto):

*No puedo salir, **tengo que trabajar**.*
*Si quieres aprobar, **tendrás que estudiar** más.*
*Los niños **tienen que dormir** más de ocho horas al día.*

3. Se puede + Infinitivo se utiliza para pedir y dar permiso, posibilidad de hacer algo:

*¿**Se puede fumar** aquí?*

4. No se puede + Infinitivo indica prohibición:

*Aquí **no se puede aparcar**.*

1. Relacione.

1. Delante de un STOP	a. sacar visado.
2. Para ir a Cuba	b. hacer ejercicio diariamente.
3. Para estar sano	c. reservar mesa.
4. Una vez al año **hay que**	d. mirar a derecha e izquierda.
5. En este restaurante	e. coger el avión o el barco.
6. En el coche	f. llevar siempre el cinturón de seguridad.
7. Para ir a Canarias	g. ir al dentista.
8. Antes de cruzar una calle	h. parar.

Ej.: *1............ h.*

2. ....
3. ....
4. ....
5. ....
6. ....
7. ....
8. ....

2. En los huecos, escriba la persona y el tiempo adecuados de TENER QUE + uno de los verbos del recuadro.

llamar	cambiarse	estudiar	hacer	tener
sacar	levantarse	lavarse	limpiar	ir

Ej.: *1. Tenemos que sacar dinero del banco. No tenemos nada en casa.*

2. Tienes el pelo muy largo, ... a la peluquería.
3. Mañana tenemos mucho trabajo, ... temprano.
4. No les grites a los niños, ... paciencia con ellos.
5. Los cristales están muy sucios, (yo) los .... esta tarde.
6. No funciona la ducha, (tú) .... al fontanero.
7. .... los verbos, si quieres aprender bien español.
8. En España, antes todos los chicos .... el servicio militar.
9. Jesús, antes de salir, ... la cabeza y .... de ropa.

3. Complete con HAY QUE o TENER QUE según corresponda.

Ej.: *1. Lo siento, no puedo salir porque <u>tengo que</u> planchar un montón de ropa.*

2. ¿Tú crees que <u>hay que</u> llamar por teléfono antes de ir a casa de Lorenzo?

3. ¿Qué .... hacer el domingo? ¿Por qué no salís con nosotros?

4. Vamos, acuéstate ya, mañana vamos de viaje y .... salir pronto.

5. Si quieres aprobar la Biología, ... estudiar mucho más.

6. Antes de entrar, ... llamar.

7. Para trabajar aquí, ... presentar una solicitud y hacer un examen.

8. No debes perdértela, ... verla, es una película buenísima.

9. Mamá, ... pagar el recibo del gimnasio antes del final de mes.

4. De la lista siguiente, diga qué cosas son obligatorias, cuáles están permitidas y cuáles prohibidas al despegar y aterrizar un avión.

beber
comer chicle
pasear
comer
apagar los cigarillos
estar de pie
fumar
hablar con el vecino
abrocharse los cinturones
poner los asientos en posición vertical

Ej.: *No se puede* estar de pie.

Hay que ....
....

No se puede ....
....
....

Se puede ....
....
....

5. Nuestras abuelas no tenían tanta suerte como nosotros en el trabajo de la casa. Escriba qué obligaciones tenían.

Ej.: *1. Ahora hay lavadoras, pero antes*
tenían que lavar la ropa a mano.

2. Ahora se puede comprar por ordenador, pero antes

....

3. Ahora hay aspiradoras del polvo,

....

4. Ahora tenemos lavavajillas,

....

5. Ahora hay guarderías,

....

6. Relacione las señales con su instrucción.

1. *Hay que parar.*
2. Hay que seguir recto.
3. Se puede adelantar.
4. No se puede girar a la derecha.
5. No se puede ir a más de 40 km./h.
6. No se puede adelantar.
7. Hay que ceder el paso.

a.

b.

f.

g.

e.

d.

c.

Ej.: 1. .... *b*.
      2. ....
      3. ....
      4. ....
      5. ....
      6. ....
      7. ....

aciertos___ / 9

Tema 27. Puntuación total ___ / 43

PRONOMBRES DE OBJETO DIRECTO e INDIRECTO

Observe

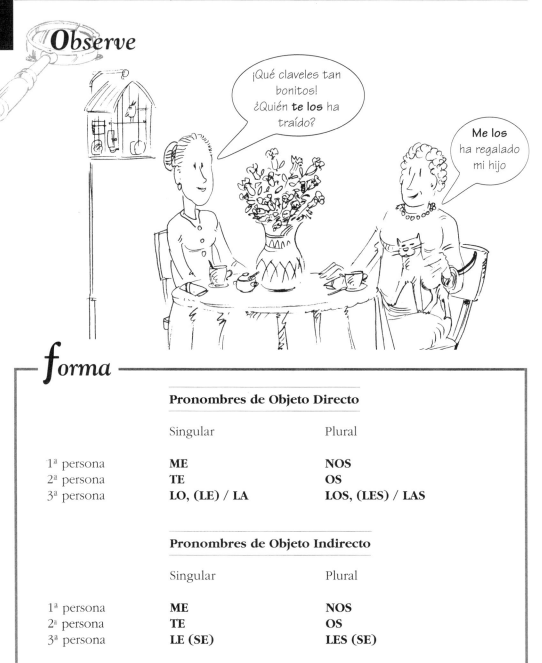

¡Qué claveles tan bonitos! ¿Quién **te los** ha traído?

Me los ha regalado mi hijo

forma

Pronombres de Objeto Directo

	Singular	Plural
1ª persona	**ME**	**NOS**
2ª persona	**TE**	**OS**
3ª persona	**LO, (LE) / LA**	**LOS, (LES) / LAS**

Pronombres de Objeto Indirecto

	Singular	Plural
1ª persona	**ME**	**NOS**
2ª persona	**TE**	**OS**
3ª persona	**LE (SE)**	**LES (SE)**

··· uso ···

1. La función de los pronombres personales es sustituir al nombre para evitar su repetición:
Lleva el libro a clase; llévalo (= <u>*lleva el libro*</u>) *por favor.*
Juan quería un libro y yo se lo di. (= <u>*di el libro a Juan*</u>)

2. Los pronombres de Objeto Directo e Indirecto van antes del verbo, excepto cuando el verbo va en Imperativo, Infinitivo o Gerundio, que van detrás:

A. *¿Has visto a mi madre?*
B. *No,* **no la he visto**.

A. *¿* **Te ha dado** *el dinero Rosa?*
B. *No, no* **me lo ha dado**.

¡ **Dámelo**!
¿Quieres dár **melo***?*

A. *¿* **Le has dado** *la merienda al niño?*
B. *No, estoy* **dándosela** *ahora.*

> También se puede decir:
> *No,* **se la estoy dando** *ahora.*

3. Cuando es necesario utilizar los dos pronombres (O. Directo y O. Indirecto), el Indirecto va primero:

A. *¿Te han dado ya los resultados del análisis?*
B. *No, todavía* **no me los han dado**.
        (O.I.) (O.D.)

4. Cuando al pronombre **le** (Objeto Indirecto) le sigue uno de los Objetos Directos (**lo, la, los, las**), el primero se convierte en **se**:

A. *¿Le has devuelto las llaves al portero?*
B. *No, todavía no* **le las he devuelto**. ➤ *No, todavía no* **se las he devuelto**.

5. En español muchas veces se repite dos veces el pronombre Objeto Indirecto.

A. *¿* **Te ha dado** *Rosa el dinero?*
B. *No,* **a mí no me lo ha dado**.

Les presento a Vds. *a mi novia.*
A ti te queda muy bien *el color rojo.*
¿ **Le** *has dicho* **al médico** *la verdad?*

6. El pronombre masculino de Objeto Directo de 3ª persona es **lo/los**, pero se admite **le**, y muy excepcionalmente **les**, cuando se refiere a personas:

Yo a Ramiro lo quiero *mucho.*
A mis sobrinos los quiero *muchísimo.*

> Pero también: **Yo a Ramiro le quiero** *mucho.*
> **A mis sobrinos les quiero** *muchísimo.*

1. Formule la pregunta como en el ejemplo. Utilice los pronombres LO / LA / LOS / LAS.

Ej.: *1. Yo no conozco a esas chicas,*
      ¿tú <u>las conoces</u>?

2. Yo no conozco a aquellos hombres,
    ¿tú ....?
3. Nosotros no conocemos a la mujer de Juan,
    ¿vosotros ....?
4. Yo no conozco a la directora,
    ¿vosotros ....?
5. Julia todavía no conoce a su nuevo profesor,
    ¿tú ....?
6. Mi hermana no conoce a esos artistas,
    ¿tu hermano ....?
7. Yo no conozco a las vecinas del tercero,
    ¿tú ....?
8. Yo no conozco al de la moto,
    ¿tú ....?

2. Complete el cuadro.

Sujeto	Objeto Directo	Objeto Indirecto
Ej.: *1. yo*	*me*	*me*
tú	te	....
....	lo	le / se
ella	....	....
Vd.	lo	....
nosotros	nos	....
....	os	....
ellos	....	les / se
ella	las	....
Vds.	....	....

3. Conteste a las preguntas como en el ejemplo, utilizando los pronombres de Objeto directo (LO / LA / LOS / LAS) correspondientes.

Ej.: *1. A. ¿Has terminado los ejercicios?*
      B. No, <u>estoy terminándolos.</u>

2. A. ¿Ya has arreglado la bicicleta?
   B. ....
3. A. ¿Ya has leído el periódico de hoy?
   B. ....
4. A. ¿Ya has regado las plantas?
   B. ....

5. A. ¿Ya has encendido la calefacción?
    B. ....
6. A. ¿Ya has preguntado el horario de los trenes?
    B. ....
7. A. ¿Ya has pasado a máquina la traducción?
    B. ....
8. A. ¿Ya has llamado a tu jefe?
    B. ....

4. Conteste como en el ejemplo.

Ej.: *1. A. ¿Le has dado el libro a él?*
     B. Sí, ya se lo he dado.

2. A. ¿Le has dado las fotos a él?
    B. ....
3. A. ¿Le has dado la revista a él?
    B. ....
4. A. ¿Le has dado las gafas a ella?
    B. ....
5. A. ¿Le has dado la carta a ella?
    B. ....
6. A. ¿Les has dado la cena a los niños?
    B. ....
7. A. ¿Le has traído el abrigo a ella?
    B. ....
8. A. ¿Les has llevado el pan a los vecinos?
    B. ....
9. A. ¿Me has traído el libro?
    B. ....
10. A. ¿Me has traído todas mis cosas?
    B. ....
11. A. ¿Os ha dado el libro María?
    B. ....
12. A. ¿Os ha traído la comida el camarero?
    B. ....

5. Conteste a las preguntas utilizando los pronombres personales correspondientes.

Ej.: *1.   A. ¿Le has dado las llaves al portero?*
            B. Sí, ya se las he dado.

2. A. ¿Les has comprado los zapatos a los niños?
    B. ....
3. A. ¿Le has devuelto el coche a tu abuelo?
    B. ....
4. A. ¿Me has traído la compra?
    B. ....

correcciones

5. A. ¿Le has dicho a Roberto la verdad?
   B. ....

6. A. ¿Te ha explicado Juana lo que pasó?
   B. ....

7. A. ¿Te han dado cita para el médico?
   B. ....

8. A. ¿Os ha leído papá el cuento?
   B. ....

9. A. ¿Le has devuelto a Rocío los 60 euros?
   B. ....

10. A. ¿Tu madre te ha preparado la cena?
    B. ....

11. A. ¿Le habéis pedido la dirección a la compañera nueva?
    B. ....

6. Ahora haga el mismo ejercicio pero contestando negativamente.

Ej.: *1. ¿Le has dado las llaves al portero?*
       No, voy a dárselas.

2. A. ¿Les has comprado los zapatos a los niños?
   B. ....

3. A. ¿Le has devuelto el coche a tu abuelo?
   B. ....

4. A. ¿Me has traído la compra?
   B. ....

5. A. ¿Le has dicho a Roberto la verdad?
   B. ....

6. A. ¿Te ha explicado Juana lo que pasó?
   B. ....

7. A. ¿Te han dado cita para el médico?
   B. ....

8. A. ¿Os ha leído papá el cuento?
   B. ....

9. A. ¿Le has devuelto a Rocío los 60 euros?
   B. ....

10. A. ¿Tu madre te ha preparado la cena ?
    B. ....

12. A. ¿Le habéis pedido la dirección a la compañera nueva?
    B. ....

7. Complete los huecos.

Ej.: *1. A. ¡Qué pendientes tan bonitos, ¿quién te los ha regalado?*
       B. ¿Te gustan?, me los ha regalado mi novio.

2. A. ¡Qué equipo de música tan majo! ¿Dónde ....
   has comprado?
   B. Sí, es estupendo. .... he comprado en Andorra.

3. A. ¡Qué collar tan fino! ¿Quién .... ha regalado?
    B. Sí, es muy bonito .... ha regalado mi madre.
4. A. ¡Qué zapatos tan elegantes llevas! ¿Dónde .... has comprado?
    B. Sí, son bonitos, ... he comprado en París.

8. En cada frase falta un pronombre de los del cuadro. Vuelva a escribirla con el pronombre en el lugar correspondiente.

> me   nos (2)   lo (2)   les   los   te   me (2)   la (2)   las

Ej.: 1.   A. ¿Has visto a Víctor?
          B. Sí, he visto esta mañana en clase.
             Sí, *lo* he visto esta mañana en clase.

2. Jaime, trae otra servilleta, por favor.
....

3. Camarero, a mi mujer y a mí ponga dos cañas, por favor.
....

4. Este abrigo me gusta mucho. Me llevo.
....

5. He comprado una moto nueva. ¿Quieres ver?
....

6. ¿Has dicho a los vecinos que nos vamos de vacaciones?
....

7. Hijo, estamos hablando contigo, ¿quieres escuchar?
....

8. ¡Qué bolso tan bonito! ¿Cuánto ha costado?
....

9. A. ¿Quiénes son ésos?
    B. Ni idea, no conozco.
....

10. A. ¿Has comprado las entradas para el circo?
    B. No, compraré esta tarde.
....

11. Sí, me enteré de que Rubén y Rocío se habían casado, pero no invitaron a la boda.
....

12. Déjame esta novela, la semana próxima te devolveré.
....

aciertos___ / 17

IMPERATIVO + PRONOMBRES DE OBJETO DIRECTO e INDIRECTO

Observe

Cariño,
**¿te traigo las
zapatillas?**

Sí, anda,
tráemelas,
por favor

forma

• Recuerde el tema 15 y vea las diferencias en el cuadro siguiente.

IMPERATIVO + PRONOMBRES PERSONALES

IMPERATIVO
{

+ **PRONOMBRE REFLEXIVO**
   Levánta<u>te</u>

+ **PRONOMBRE OBJETO DIRECTO**
   Cóge<u>lo</u>

+ **PRONOMBRE OBJETO INDIRECTO**
   Da<u>me</u>

+ **PRON. REFLEXIVO + PRON. OBJETO DIRECTO**
   Pón<u>telo</u>

+ **PRON. OBJETO INDIRECTO + PRON. OBJETO DIRECTO**
   Tráe<u>melo</u>

···· USO ····

1. Los Imperativos (Recuerde el tema 15) se usan muchas veces acompañados de pronombres personales complemento; éstos van detrás y se escriben en una sola palabra también en los siguientes casos:

    1. Cuando un verbo lleva un pronombre en función de Objeto Indirecto (**me /
nos, te / os, le, se / les, se**):
        Ponme *el abrigo, por favor.*

2. Cuando un verbo lleva dos pronombres: Objeto Indirecto + Objeto directo; en ese caso primero va el pronombre Objeto Indirecto, luego el Objeto Directo:

*Trae el abrigo y **pónmelo**, por favor.*

2. 1. Si el objeto indirecto es de 3ª persona **le** / **les** se sustituyen por **se**:

A. *¿Le doy la cena a la niña?*
B. *Sí, **dásela**, por favor.*

A. *Les llevo estos pasteles a mis padres ¿vale?*
B. *Sí, claro, **llévaselos**.*

ejercicios

correcciones

1. Complete las frases, siguiendo el modelo.

Ej.: *1. Yo quiero esos libros, por favor, dámelos.*

2. El niño quiere ese cochecito, por favor, ...
3. Ella quiere la blusa roja, por favor, ...
4. Ellos quieren la merienda, por favor, ...
5. Yo quiero tu teléfono, por favor, ...
6. Nosotros queremos la maleta marrón, por favor, ...
7. Nosotras queremos el diccionario, por favor, ...

2. Complételas con la forma de USTED.

Ej.: *1. Yo quiero esos libros, por favor, démelos.*

2. El niño quiere ese cochecito, por favor, ...
3. Ella quiere la blusa roja, por favor, ...
4. Ellos quieren la merienda, por favor, ...
5. Yo quiero tu teléfono, por favor, ...
6. Nosotros queremos la maleta marrón, por favor, ...
7. Nosotras queremos el diccionario, por favor, ...

3. Siga el modelo.

Ej.: *1. ¿Te hago un bocadillo?*   *Sí, házmelo.*

2. ¿Le doy a los niños el helado? ....
3. ¿Os traigo una cerveza? ....
4. ¿Le presto a Andrés 30 euros? ....
5. ¿Le compro ese vestido a María? ....
6. ¿Te llevo las bolsas? ....
7. ¿Os preparo las camas? ....

aciertos___ / 18

8. ¿Le digo al médico la verdad? ....
9. ¿Te traigo las gafas de sol? ....
10. ¿Le doy las llaves al fontanero? ....
11. ¿Le compro esa vídeo-cámara a Sol? ....
12. ¿Os mando las fotos por correo? ....
13. ¿Le regalo la cafetera a Celia? ....
14. ¿Te compro ese traje? ....

4. Imagine ahora que se hablan de Vd. En algunas preguntas tiene que hacer cambios en los pronombres.

Ej.: *1. ¿Te hago un bocadillo?*
¿Le hago un bocadillo?   Sí, <u>há</u>gamelo.

2. ¿Le doy a los niños el helado?
¿Le doy a los niños el helado?   Sí, <u>dé</u>selo.

3. ¿Os traigo una cerveza?
....

4. ¿Le presto a Andrés 30 euros?
....

5. ¿Le compro ese vestido a María?
....

6. ¿Te llevo las bolsas?
....

7. ¿Os preparo las camas?
....

8. ¿Le digo al médico la verdad?
....

9. ¿Te traigo las gafas de sol?
....

10. ¿Le doy las llaves al fontanero?
....

11. ¿Le compro esa vídeo-cámara a Sol?
....

12. ¿Os mando las fotos por correo?
....

13. ¿Le regalo la cafetera a Celia?
....

14. ¿Te compro ese traje?
....

aciertos__ / 31

5. Piense que usted es una de las personas siguientes (la que ordena) y escriba algunas órdenes y consejos.

Ej.: *1. Un padre / madre a sus hijos:*
a) <u>Lavaos los dientes</u>.
b) <u>Poneos el pijama</u>.
c) <u>Acostaos ya, es muy tarde</u>.

2. Un profesor a sus alumnos:
a) ....
b) ....
c) ....

3. Un médico a su paciente:
a) ....
b) ....
c) ....

4. Un compañero-a de piso a otro-a:
a) ....
b) ....
c) ....

5. Un estudiante a otro en clase:
a) ....
b) ....
c) ....

Tema 29. Puntuación total ___ / 49

PRETÉRITO INDEFINIDO / PRETÉRITO IMPERFECTO
ESTABA + GERUNDIO

Observe

¿Qué **estaban haciendo** ayer a las 5 en punto de la tarde?

Óscar **iba** al gimnasio

Ana María **estaba merendando** con su suegra

El Sr. Pérez **volvía** de su trabajo

Ignacio **estaba jugando** al fútbol

Pablo e Irene **estaban viendo** la televisión

forma

• Recuerde los temas 17, 25 y 26.

Terminaciones

PRETÉRITO INDEFINIDO		PRETÉRITO IMPERFECTO	
-ar	**-er / -ir**	**-ar**	**-er / -ir**
-é	-í	-aba	-ía
-aste	-iste	-abas	-ías
-ó	-ió	-aba	-ía
-amos	-imos	-ábamos	-íamos
-asteis	-isteis	-abais	-íais
-aron	-ieron	-aban	-ían

- Recuerde el tema 10.

IMPERFECTO DE INDICATIVO: Perífrasis ESTAR + GERUNDIO

(yo)	**estaba**	
(tú)	**estabas**	
(él/ella/Vd.)	**estaba**	
(nosotros/-as)	**estábamos**	**+ GERUNDIO**
(vosotros/-as/Vds.)	**estabais**	
(ellos/-as/Vds.)	**estaban**	

···· USO ······························

1. La perífrasis **estar + gerundio** en Imperfecto de Indicativo se usa para expresar que vemos la acción en su desarrollo, inacabada. Se opone al Pretérito Indefinido, que expresa la acción ya acabada. Observe los ejemplos:

A. *¿Sabes?* ***Ayer jugué al tenis.***
B. *¿Ah sí? ¿mucho tiempo?*
A. *No, sólo de 4 a 5, después de comer.*

    A. ***Ayer te llamé por teléfono y no estabas.***
    B. *¿A qué hora?*
    A. *A las cuatro y media.*
    B. ***A esa hora estaba jugando al tenis.***

El domingo, Lucía ***estaba duchándose cuando sonó el teléfono****.*

2. Algunos verbos no admiten la forma perifrástica y entonces se usa el Pretérito Imperfecto:

Ayer, ***cuando volvía a casa****, vi un accidente.*
~~estaba volviendo~~

3. Normalmente no podemos usar la perífrasis **estaba + gerundio** en verbos como:

ser
ir
estar
tener
venir
volver

1. Complete las frases con el verbo en la forma más adecuada: Pretérito Imperfecto, Pretérito Indefinido, Estaba + gerundio.

> Ej.: *1. Yo conocí a mi marido cuando <u>estábamos estudiando</u> en Berlín. (estudiar, nos.)*

2. Felipe .... cuando estaba preparándome para salir. *(llegar)*
3. Cuando estaba limpiando la casa, ... el anillo. *(encontrar, yo)*
4. Mi hermano se rompió la pierna cuando .... en Jaca. *(esquiar)*
5. Cuando José María .... por la calle, se encontró un billete de 100 euros *(ir)*
6. Cuando .... la vecina, yo estaba haciendo la cena. *(llegar)*
7. Cuando Alberto .... 25 años, ... a una actriz famosa y .... con ella. *(tener, conocer, casarse)*
8. El domingo por la mañana, cuando .... el periódico tranquilamente, me llamó Carlos para ir a jugar al golf. *(leer)*
9. Alicia y su marido .... a París de viaje de novios. *(ir)*
10. Cuando ...., se fue la luz. *(cenar, nos.)*

2. Complete los huecos con el verbo en la forma adecuada (Pretérito Indefinido o Estaba + gerundio).

> Ej.: *1. Tu padre <u>llamó</u> cuando yo <u>estaba desayunando</u>. (llamar, desayunar)*

2. Ayer, cuando yo .... las clases, Montse .... y .... un dedo. *(preparar, caerse, romperse)*
3. Cuando nosotros .... en nuestra habitación, ellos .... a la puerta. *(estudiar, llamar)*
4. El coche .... cuando .... a Valencia. *(pararse, llegar)*
5. El cartero .... cuando (nos.) .... *(venir, desayunar)*
6. Mientras el señor Torres .... el coche en su garaje, alguien .... en la casa y .... las joyas. *(limpiar, entrar, llevarse.)*
7. Cuando el ciclista .... la meta, ... una caída. *(alcanzar, sufrir)*
8. El jueves pasado, mientras los niños .... en la puerta del colegio, ... un mono. *(jugar, aparecer)*
9. A las 12 de la noche, todo el mundo .... animadamente y, de pronto, la música .... *(bailar, pararse)*

aciertos___ / 29

3. En las frases siguientes, subraye la forma verbal adecuada.

Ej.: *1. Mis primos <u>se casaron</u> / se casaban hace tres años.*

2. Cuando *terminó / terminaba* la Universidad se ponía / *puso* a trabajar.

3. Ayer *estaba viendo / vi* la tele hasta las doce.

4. El lunes, cuando estábamos *comiendo / comimos* en el restaurante nos *encontrábamos / encontramos* con la presentadora del informativo de la tarde.

5. Antes yo estaba *haciendo / hacía* mucho deporte, pero ahora lo he dejado.

6. Cuando *iba / fui* a ver el partido del Real Barcelona, *había / hubo* un atasco grandísimo.

7. Juan Luis *tuvo / estaba teniendo / tenía* un accidente muy grave cuando *tuvo / tenía* 12 años.

8. Como *no tenía / no estaba teniendo* dinero, ayer *no* me *compré / compraba* el traje de noche que vi en el escaparate de la tienda.

9. A María Eugenia la *despidieron / despedían* el mes pasado porque siempre *llegó / llegaba* tarde.

10. Cuando yo *era / fui* pequeña, *estaba jugando / jugaba* todos los días con mis amigos en la calle.

11. El domingo *no está teniendo / no tenía* ganas de ir al cine, pero Nacho *llamó / estaba llamando* y me *iba / fui* con él.

aciertos___ / 11

Tema 30. Puntuación total ___ / 40

ORACIONES CONDICIONALES, CAUSALES, TEMPORALES y ADVERSATIVAS

Observe

¡Adiós! **Si** necesitas algo, llámame

No era un mueble muy grande, **pero** pesaba mucho

Si podemos, salimos todas las noches

Como empezó a hacer frío, nos volvimos a casa

Cuando vivía en Canadá trabajaba en una fábrica

forma

Oraciones	Enlaces	
CONDICIONALES	<u>SI</u> + Presente...	Presente Futuro Imperativo
CAUSALES	<u>COMO</u> <u>PORQUE</u>	
TEMPORALES	<u>CUANDO</u>	
ADVERSATIVAS	<u>PERO</u>	

···· USO ··

1. Las frases que expresan una condición tienen dos partes, la oración que lleva **si** (subordinada) y la oración principal:

Si vienes a mi casa, te enseñaré el vídeo nuevo.

2. En las Oraciones Condicionales más simples, la oración subordinada lleva el verbo en Presente de Indicativo y la principal puede llevar el verbo en Presente de Indicativo, en Futuro o en Imperativo:

Si podemos, salimos *todas las noches.*
Si hace buen tiempo, iremos *a la playa.*
Si me necesitas, llámame.

3. Las oraciones que expresan causa pueden empezar por **porque** o **como**:

1. Se usa **porque** cuando la oración causal va después de la principal:
Ayer nos quedamos en casa **porque hacía mucho frío**.
2. Se usa **como** cuando la oración causal va antes de la principal:
Como hacía mucho frío, *nos quedamos en casa.*

4. Las oraciones que expresan contraste o restricción entre dos ideas reciben el nombre de *adversativas*. Empiezan por **pero**:

Trabaja mucho, **pero** *gana poco.*
A. *¿Hablas español?*
B. *Sí,* **pero** *no hablo muy bien todavía.*

5. Las Oraciones Temporales pueden introducirse con muchos enlaces, pero el más usado es **cuando**:

Normalmente, **cuando llego a casa**, *llamo a mi padre por teléfono.*
Cuando empezó a hacer frío, *nos volvimos a casa.*
Cuando vivía en Canadá, *trabajaba en una fábrica.*

 *ejercicios*

1. Relacione.

Si	1. tienes hambre,	a) haremos la fiesta dentro.
	2. llueve,	b) iremos a pescar.
	3. puedes,	c) come algo.
	4. aparcas aquí,	d) dale recuerdos.
	5. el niño llora,	e) dale el biberón.
	6. ves a Ricardo,	f) te pondrán una multa.
	7. te levantas temprano,	g) pasa a buscarme.

Ej.: *1. c*
Si tienes hambre, come algo.

2. ....
  ....
3. ....
  ....
4. ....
  ....
5. ....
  ....
6. ....
  ....
7. ....
  ....

2. Tache lo que considere incorrecto.

Ej.: *1. Si ~~hará~~ / hace buen tiempo, ~~saldremos~~ / salimos a pescar.*

2. Si *me encuentro / me encontraré* mal mañana, no iré a trabajar.
3. Si *vas / irás* al supermercado, tráeme aceite, por favor.
4. ¿Irás al cumpleaños de Clotilde si no te *invita / invitará*?
5. Si no *dejan / dejarán* de pelearse, llamaré a la policía.
6. Si *están / estarán* en rebajas, me compraré un abrigo de pieles.
7. Si te *comes / comerás* la sopa, te daré helado de postre.
8. Si Vd. necesita papel, *coja / cogerá* estas hojas.

3. Complete libremente las frases.

Ej.: *1. Me compraré un coche nuevo si me suben el sueldo.*

2. Si mañana no llueve ....
3. Si puedes, ...
4. El año que viene iré a México si ....
5. Yo fregaré los platos si tú ....
6. Escríbenos si ....

4. Complete el hueco con uno de los enlaces causales (COMO o PORQUE).

Ej.: *1. Como hacía frío, no salimos al parque.*

2. Abrí la ventana .... hacía un calor sofocante.
3. .... no me llamaba él, le llamé yo para saber noticias.
4. .... no podía dormir, me levanté y di un paseo.
5. Fuimos en tren .... no había autobuses para Zaragoza.
6. No nos metimos en la piscina .... el agua no estaba limpia.
7. No la saludé .... estaba enfadado con ella.

5. Forme frases causales con los elementos de las dos columnas utilizando COMO y PORQUE.

1. Me acosté
2. No quiere casarse
3. No puedo dormir
4. Va al fútbol todas las semanas
5. Vino a casa

a) necesitaba dinero.
b) le gusta mucho.
c) no le gusta su suegro.
d) estaba cansado.
e) hay mucho ruido.

Ej.: *1. Me acosté porque estaba cansado*
Como estaba cansado, me acosté.

2. ....
....
3. ....
....
4. ....
....
5. ....
....
6. ....
....

6. Relacione las frases con COMO, PORQUE, PERO, SI.

Ej.: *1. Llegó tarde porque el despertador no sonó.*

2. La noticia apareció en la prensa, ... él no se enteró.
3. .... no sabía qué hacer, volvió a su casa y se acostó.
4. Le he prestado dinero .... me dijo que lo necesitaba.
5. .... no te apetece salir, nos quedaremos en casa.
6. Me gustaría ir al cine, ... tengo que estudiar.
7. .... no había agua, no pude ducharme.
8. Busqué las llaves por todas partes, ... no las encontré.
9. Trabaja mucho, ... gana poco.
10. .... necesitas algo, llámame.
11. Tienen mucho dinero, ... viven miserablemente.

7. Introduzca SI o CUANDO.

Ej.: *1. Si no hay vino, tomaré agua.*

2. .... llamó y le dijeron que Fabiola no estaba en casa, fue a buscarla a su trabajo.
3. .... amenazó a su jefe con marcharse, le subieron el sueldo.
4. .... el médico cree que es mejor operarte, debes hacerle caso.
5. .... el niño se despertó por la noche, llamó a su padre desesperadamente.
6. .... quieres aprender idiomas, tienes que practicar mucho.
7. .... tenía 20 años se casó con un torero.

Tema 31. Puntuación total ___ / 40

aciertos___ / 21

Recapitulación: ARTÍCULOS (EL / LA / LOS / LAS y UN / UNA / UNOS / UNAS)

Observe

¿Sabe dónde hay **un veterinario**?

Sí, hay uno muy cerca. Empieza **la consulta a las cinco**

forma

ARTÍCULOS

		Determinados		Indeterminados	
		Género		**Género**	
		Masc.	Fem.	Masc.	Fem.
Número Singular		**EL**	**LA**	**UN**	**UNA**
Plural		**LOS**	**LAS**	**UNOS**	**UNAS**

- Recuerde el tema 23: el artículo **EL** se contrae con las preposiciones **A** y **DE**:

$$A + EL = AL$$
$$DE + EL = DEL$$

···· *USO* ··

1. Artículos determinados. Se usan:

    1. Cuando hablamos de algo que conocemos:
        Hay que sacar **al perro** *a pasear.*
        Tráeme **el libro**.
    2. Con la hora:
        Es **la una y cuarto**.
        El veterinario abre **a las cinco**.
    3. Con los días de la semana:
        El sábado *vi a Pepe.*
    4. Delante de *señor, señora, señorita,* si se mencionan en tercera persona:
        El señor Pérez *tiene mucha experiencia.*
                    Pero:
                 *¡***Señor Pérez**, *lo llaman al teléfono!*
    5. Cuando hablamos de cosas únicas:
        el sol,
        el Papa,
        el Rey de España.
    6. Con el verbo **gustar**:
        No me gustan las frutas.
    7. Delante de palabras como *río, mar, calle, plaza, sur, islas,* etc.:
        Las Islas Canarias *están en el Océano Atlántico.*

2. Artículos indeterminados. Se usan:

    1. Cuando mencionamos algo por primera vez:
        Me he comprado **un perro**.
        Tengo **un libro de arte precioso**.
    2. Con el verbo **haber**:
        ¿Dónde **hay un bolígrafo**?
    3. Con nombres de profesión:
        Conozco **a un electricista buenísimo**.

3. No se usa artículo:

    1. Con los nombres de profesión si van detrás del verbo **ser**:
        Mario es **periodista**.
        Rafael es **modisto**.
    2. Con muchos nombres en función de Objeto Directo, especialmente si no queremos indicar cantidad concreta:
        Yo no tengo **hijos**.
        Dame **azúcar**, *por favor.*
        No hay **trabajo** *para todos.*
        He comprado **sillas nuevas**.

1. Escriba algunas frases con el verbo GUSTAR y estos sujetos gramaticales.

Ej.: *1. (animales) A mí me gustan mucho los animales.*
o
A mí no me gustan (nada) los animales.

2. (bailes tradicionales)
....

3. (escuchar música "*disco*")
....

4. (queso francés)
....

5. (leche desnatada)
....

6. (tomar el sol)
....

7. (plantas tropicales)
....

8. (idiomas)
....

2. Complete los huecos con el artículo (EL / LA / LOS / LAS) si es necesario.

Ej.:   *1. Las patatas están caras.*
        2. Todo el mundo necesita ----- amigos.

3. ¿Aquí venden .... churros?
4. Borja, ¿dónde está .... mantequilla?
5. A Constancio no le gusta nada comer .... verduras.
6. .... verduras son muy buenas para la salud.
7. Si sales, ¿puedes comprar .... sal?
8. Julián, ¿puedes pasarme .... sal, por favor?
9. Voy a enseñarte .... libros que he comprado.
10. ¿Aquí venden .... libros de arte?
11. Yo prefiero .... calor a .... frío.
12. .... vida no es posible sin agua.
13. Mis deportes favoritos son .... fútbol y .... ciclismo.
14. ¿Tú crees que .... Matemáticas son difíciles?
15. Elisa estudia .... Matemáticas en la Universidad de La Laguna.
16. .... chino es el idioma más hablado del mundo.
17. ¿A tus hijos no les gusta .... música clásica?
18. Paco, ¿dónde hay .... harina para la tarta?
19. Felisa llegó de su viaje .... sábado por la tarde.
20. En Málaga, ... clima es estupendo.
21. Lo siento, no hay .... calamares a la romana.
22. Emilio, ... señora Martínez quiere .... plátanos maduros.
23. Ayer vino a verme a mi despacho .... señor López.

aciertos__ / 31

24. Buenos días, estoy buscando a .... secretaria del director.
25. Mi sobrino termina de trabajar a .... 6 de .... tarde.
26. .... Sra. García, pase una llamada a .... Sra. Díez.

3. Diga si las frases siguientes son correctas o no. Si no lo son, corríjalas.

Ej.: 1. El Museo del Prado está en Madrid.
Bien
2. La capital de Egipto es Cairo.
Mal: El Cairo

3. El río Sena pasa por París.
....

4. Mis padres viven en calle de Sto. Tomás.
....

5. Llegamos a aeropuerto de Orly a las 3.
....

6. El autobús para Galicia se coge en la estación Sur.
....

7. Cuando voy a Londres, siempre voy al Hotel Cerland.
....

8. A mí me gusta mucho Teatro de la Ópera.
....

9. Alfredo es profesor en Universidad Complutense.
....

10. Ayer tuve que ir a Correos a enviar un paquete a Manila.
....

11. ¿Este autobús va a la Plaza Mayor?
....

12. Andalucía está en sur de España.
....

4. Complete los huecos con AL / DEL / LA / EL / LOS / LAS.

Ej.: 1. Alejandro va *al* gimnasio todos *los* días.

2. Estos zapatos son .... niño.
3. El estanco está .... lado .... iglesia.
4. Tus libros de Arte están encima de .... mesa.
5. A. ¿De dónde vienes?
   B. .... cine.
6. Normalmente, jugamos .... tenis todos .... fines de semana
   y .... ajedrez, ... lunes y miércoles.
7. ¿Cómo vas .... trabajo?
8. A. ¿Los lavabos, por favor?
   B. .... fondo del pasillo, a .... izquierda.
9. Portugal está .... oeste de España.
10. .... última película .... actor Luis Olmo ha sido premiada en

.... Festival de cine de San Sebastián.

11. Hoy tengo que ir .... banco.

12. Pon tu nombre .... final de .... carta.

5. Complete con UN / UNA / UNOS/ UNAS cuando sea posible.

Ej.: *1. He comprado* unas *manzanas,* .... *chocolate y* una *barra de pan.*

2. He comprado .... pasta de dientes, colonia y .... pañuelos de papel.

3. He comprado .... postales, ... sellos y .... bolígrafo.

4. He comprado .... revista de modas, ... libro y .... folios.

6. Complete con el artículo UN / UNA / UNOS / UNAS, si es necesario. Puede no llevar ninguno.

Ej.: *1. Juan nunca lleva* .... *guantes.*

2. Mis hijos siempre toman .... leche por la mañana.

3. Algunas personas creen que nunca cometen .... errores.

4. ¿Quieres .... café?

5. Buenos días, ¿tienen .... pescado fresco?

6. ¿Vas al trabajo en .... coche?

7. ¿Estás buscando .... trabajo?

8.   A. ¿Qué hiciste ayer?
     B. Vi .... película de vídeo, escribí .... cartas y estuve escuchando .... música.

9.   A. ¿Tienes .... cervezas?
     B. Sí, en el frigorífico hay .... de litro.

10. He visto .... pantalones rebajadísimos en .... tienda que hay cerca de aquí.

11. ¿Has comprado .... jabón para lavar ropa de color?

12. Estoy buscando .... trabajo para mi hijo mayor.

13. Sergio López es .... actor.

14. Sergio Sanz es .... cantante famoso.

15. Creo que necesitan .... secretaria que sepa ruso.

16. Mi cuñado es .... carpintero.

17. El director conoce a .... carpintero que trabaja muy bien.

18. ¿Tienen .... gambas a la plancha?

19. ¿Tienes .... dinero?

20. En aquel chalé vive .... cirujano muy prestigioso.

21. He visto .... muebles para el comedor preciosos.

22. Aquí no tienen .... muebles de comedor.

7. Tache el artículo que no proceda.

Ej.: *1. La novia de Paco es* la */ una chica encantadora.*

2. París es *la / una* capital de Francia.

3. Yo tengo *un / el* amigo que trabaja en un hospital.

4. ¿Cuál es *una / la* ciudad más grande de Canadá?

5. ¿Puedes quitar *una / la* televisión, por favor?

6. Estoy agotada. Necesito urgentemente *unas / las* vacaciones.

7. Máximo está haciendo *un / el* trabajo muy importante para su jefe.

8. Nosotros vivimos en *una / la* casa que está cerca de Madrid.

9. ¿Sabes que han abierto *el / un* restaurante nuevo en la Plaza Mayor?

10. El domingo vendrán *unos / los* amigos míos a comer.

11. No te sientes en *un / el* suelo, está muy frío.

12. Cuando vamos a Roma siempre vamos a *un / el* hotel pequeño.

13. Ayer mi hijo hizo *una / la* comida buenísima.

14. Roberto se compró *unos / los* zapatos de piel para la boda.

15. Diego está en *la / una* cocina, está haciendo *la / una* cena.

8. Relacione.

	tableta		agua
	hoja		pastel
	botella		leche
Un / Una	vaso	**de**	folios
	barra		mermelada
	trozo		chocolate
	paquete		papel
	bote		pan

Ej.: *1. Una tableta de chocolate.*

....
....
....
....
....
....
....

aciertos__ / 21

Recapitulación: *PRONOMBRES PERSONALES*

Observe

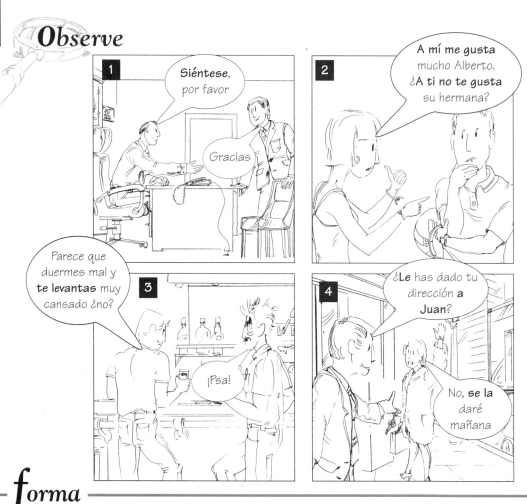

forma

Verbos Reflexivos			Verbos con pronombre		
(Yo)	**me**	levanto	**(A mí)**	**me**	
(tú)	**te**	levantas	**(A ti)**	**te**	
(él/ella/Vd).	**se**	levanta	**(A él/ella/Vd.)**	**le**	*gusta* bailar, el sol
(nosotros/-as)	**nos**	levantamos	**(A nosotros/-as)**	**nos**	*gustan* los bombones
(vosotros/-as)	**os**	levantáis	**(A vosotros/-as)**	**os**	
(ellos/-as/Vds.)	**se**	levantan	**(A ellos/-as/Vds.)**	**les**	

Pronombres Personales	**Objeto Directo**	**Objeto Indirecto**
	me	me
	te	te
	lo, (le) / la	le (se)
	nos	nos
	os	os
	los, (les) / las	les (se)

···· *USO* ···

1. Los pronombres van delante del verbo, excepto cuando el verbo está en Imperativo, Gerundio o Infinitivo:

    Siéntese, *por favor.*
    A. Eloy, ¿qué haces?
    *B. **Estoy afeitándome**.*
    *¿Quieres **darme** ese cuaderno, por favor?*

2. Recuerde que cuando hay dos pronombres (Objeto Directo e Indirecto) se coloca primero el Objeto Indirecto:

    A. ¿Te han traído ya el vaso de agua?
    *B. No, todavía no **me lo** han traído.*

3. Con verbos que necesitan dos Objetos (Directo e Indirecto) se coloca el pronombre de Objeto Indirecto delante del verbo, aunque luego aparezca otra vez la persona o personas a que se refiere:

    *A. ¿**Le** has dado **a José Manuel** tu dirección?*
    *B. No, **se la** daré mañana.*

ejercicios

correcciones

1. Complete las frases con SE / LE.

Ej.: *1. Anoche Verónica se acostó pronto porque le dolía el estómago.*

2. Milagros y Adrián .... han divorciado.
3. A Andrés no .... queda bien el pelo largo.
4. Los sábados por la tarde los Rodríguez no salen, ... quedan en casa leyendo y oyendo música.
5. Ángel y Clara .... casaron en diciembre.
6. A mi madre no .... parece bien que la ex-mujer de Santi venga a la boda.
7.   A. ¿Y tu marido?
        B. .... ha quedado abajo, con unos amigos.
8. El ganador del concurso .... llevó seis mil euros y el coche.
9.   A. ¿A qué hora .... acuestan tus hijos?
        B. Muy pronto, a las nueve y media.
10.   A. ¿Qué .... pasa a tu hermana?
        B. Nada, es que está muy cansada.
11. Al final no .... compró el abrigo a Carmen porque .... parecía muy caro.
12. Jesús no .... lleva bien con su hermano mayor.

aciertos__ / 12

2. Complete con el pronombre adecuado (ME / TE / LO / LA / LOS / LAS / NOS / OS / SE / LE / LES).

Ej.: *1. ¿Qué me has traído (a mí) del viaje?*

2. ¿ .... acuerdas del reloj que .... regalé a Carlos?, pues .... ha vendido.
3. ¿Has probado este jamón?, pruéba ....
4. ¿ .... has dicho a Ramón que no podemos ir a su boda?
5. A nosotros .... encanta salir de noche.
6. Alfonso .... llevó (a nosotros) a cenar a un sitio precioso.
7. ¿A qué .... dedicáis?
8. El coche no .... detuvo cuando la policía pasó.
9. ¿Vas al metro?, ... acompaño.
10. ¿Quieres que .... ayude?
11. Tengo mucho trabajo y quiero terminar .... pronto.
12. ¿Dónde has puesto el libro que .... di?
13. .... di dinero a Lorenzo para que .... comprara unos pantalones nuevos.
14. No .... he dado pasteles a los niños porque están castigados.
15.   A. Aquéllos son los vecinos nuevos.
      B. Ya .... sé, ya .... conozco
16. ¿A vosotros .... gustan los concursos de la televisión?
17.   A. ¿Conoces a mi hermana Paz?
      B. Sí, el otro día .... vi en la fiesta de Fernando.
18. ¿Sabes cuánto .... ha costado a Antonio el coche?
19.   A. ¿Cómo está tu madre?
      B. No sé, hoy no .... he llamado por teléfono.
20. .... he preguntado a Aurora una cosa y no .... ha contestado.

3. Añada los pronombres a los verbos en imperativo.

Ej.: *1. Niños, callaos.*

2. Juan, límpia .... los dientes.
3. Ester, por favor, láva .... las manos a los niños.
4. Álvaro, di .... a tus amigos que vengan más tarde.
5. Carolina, el perro quiere salir, sáca .... , por favor.
6. Alberto, Dolores, levanta ....
7. Sr. Álamo, pónga .... al teléfono, ... llaman por la línea 3.
8. Marta, Lucas, decid .... la verdad (a nosotros).
9. Nuria, déja .... el diccionario a tu hermana.
10. Oye, da .... las llaves a Mª José.
11. Inés, estos libros, lléva .... de aquí, por favor.
12. Caperucita, ve a casa de la abuelita y lléva .... esta tarta.
13. Toma, da .... esto a tu padre.
14. Toma el agua y lléva .... a la mesa.
15. Niños, lleva .... el gato a la terraza.

correcciones

4. Complete las frases con uno de los verbos del recuadro en el tiempo adecuado.

acordarse	despedirse	separarse	equivocarse
sentarse	acercarse	reírse	llevarse bien
	encontrarse		

Ej.: *1. A algunos estudiantes no les gusta <u>sentarse</u> en la primera fila.*

2. Rosario se ha ido antes del trabajo porque no ....
bien.
3. A. Pepe, ¿ .... del día que nos conocimos?
B. Claro que sí, en la playa de Benidorm.
4. A. ¿Sabes que Mara y Enrique .... ?
B. No me extraña, no ....
5. El otro día, después de comer, (nosotros) .... a
casa de unos amigos de Francisco para saludarles.
6. La película fue muy divertida, el público .... muchísimo.
7. A. Oiga, ¿éste no es el 2037856?
B. No, lo siento, ...
8. A. ¿Y Javier?
B. Está de viaje, ¿no .... de ti?

5. Siga el modelo.

Ej.: *1. El niño necesita unos zapatos, ¿puedes comprár<u>selos</u>?*

2. Yo necesito las llaves del coche, ¿puedes dár ....?
3. Charo necesita el diccionario, ¿puedes dejár ....?
4. A Isabel le gustan tus pendientes, ¿puedes regalár ....?
5. Jorge necesita este dinero, ¿puedes llevár ....?
6. Jacobo quiere una raqueta de tenis, ¿puedes comprár ....?
7. Yo necesito unas gafas nuevas, ¿puedes comprár ....?

aciertos___ / 14

Tema 33. Puntuación total ___ / 66

Observe

1 — ¡Qué alegría! ¿Desde **dónde** me llamas?

2 — Pero ¿**qué** es esto?

3 — ¿**Cuánto** vale éste?

4 — ¿**Quién** te gusta más?

forma

INTERROGATIVOS

Invariables	QUÉ	+	verbo / nombre
	DÓNDE	+	verbo
	CUÁNDO	+	verbo
	CÓMO	+	verbo

Variables	QUIÉN / QUIÉNES	+	verbo
	CUÁL / CUÁLES	+	verbo
	CUÁNTO, -A, -OS, -AS	+	verbo / nombre

···· USO ··

1. Los interrogativos llevan siempre tilde. Pueden ser adjetivos, pronombres o adverbios:

*¿**Qué** es esto?*
*¿**Qué canción** estás cantando?*
*¿**Dónde** vivís?*
*¿**Quién** viene?*
*¿**Cómo** estás?*

2. QUÉ puede ir con un verbo o con un nombre:

*¿**Qué quieres**, pan o arroz?*	=	qué + verbo
*¿**Qué camisa** quieres?*	=	qué + nombre

3. QUIÉN / QUIÉNES es variable -tiene singular y plural- y siempre se refiere a persona:

A. *¿**Quién es ése**?*
B. ***Juan, el hermano de Asunción**.*

A. *¿**Quiénes son aquellos**?*
B. ***Los primos de Daniel**.*

4. CUÁL / CUÁLES es variable -tiene singular y plural-:

*¿**Cuál te gusta** más?*

5. CUÁNTO, -A, -OS, -AS es variable en género y número y acompaña al nombre y al verbo:

*¿**Cuánto vale** esto?*   = cuánto + verbo

*¿**Cuánta azúcar** le pongo?*
*¿**Cuántos hijos** tienes?*   = cuánto + nombre
*¿**Cuántas galletas** quieres?*
*¿**Cuánto dinero** le doy?*

6. DÓNDE es adverbio y pregunta por el lugar:

*¿**Dónde** está mi bolígrafo?*

7. CUÁNDO es adverbio y pregunta por el tiempo:

*¿**Cuándo** vas a hacer los deberes?*

8. CÓMO es adverbio y pregunta por el modo:

*¿**Cómo** quieres la tortilla?*

9. Los interrogativos pueden llevar delante una preposición:

*¿**A qué hora** nos vamos?*
*¿**Con quién** se casó Mercedes?*
*¿**Desde dónde** me llamas? (por teléfono)*

1. Relacione cada pregunta con su respuesta.

1. ¿Cómo vienes a clase?
2. ¿De quién es este diccionario?
3. ¿Cuánto es?
4. ¿Por qué no me has llamado?
5. ¿Quién ha venido?
6. ¿Dónde están los niños?
7. ¿Para qué quieres mi coche?
8. ¿Desde dónde llamas?
9. ¿Por qué no has escrito a Mari?
10. ¿De qué trata la película?

a. Mi hermana Remedios.
b. Porque no tenía ganas.
c. Desde una cabina.
d. Andando.
e. De un asesinato.
f. Ochocientas setenta.
g. Porque no tenía tu número.
h. De Hans.
i. En casa de Isabel.
j. Para recoger a unos amigos del aeropuerto.

> Ej.: 1.................. *e*

2. ....
3. ....
4. ....
5. ....
6. ....
7. ....
8. ....
9. ....
10. ....

2. Complete con QUÉ / QUIÉN.

> Ej.: 1. ¿*Quién* ha roto el cristal?

2. ¿.................. no ha pagado el recibo?
3. ¿.................. te ha dicho el pediatra?
4. ¿.................. quieres comer?
5. ¿.................. esperáis?
6. ¿.................. vino ayer por la tarde?
7. ¿.................. ha hecho los deberes?
8. ¿.................. estáis escuchando?
9. ¿.................. vas a hacer?
10. ¿.................. mató a la chica?
11. ¿.................. me has comprado?
12. ¿.................. conduce el coche?

3. Complete con QUÉ / CUÁL.

> Ej.: 1. ¡Qué casa tan bonita! ¿*Cuál* es tu habitación?

2. ¿.................. es más caro, el pescado o la carne?
3. (Aida tiene tres coches) ¿.................. utiliza normalmente?
4. ¿.................. es tu deporte favorito?

aciertos___ / 23

5. ¿De................. nacionalidad es Eliane?
6. ¿................. autobús está usted esperando?
7. ¿................. países vieron ellos el verano pasado?
8. ¿................. te has comprado, una falda o una blusa?
9. ¿................. programas de radio oyes?
10. ¿................. fue el último libro que leyó?

4. Complete con DÓNDE / QUIÉN / CUÁNTO / CUÁNDO.

Ej.: *1. ¿Dónde has dejado el coche aparcado?*

2. ¿...................... ha tocado mis papeles?
3. ¿...................... te debo?
4. ¿...................... se va Raquel a Toledo?
5. ¿...................... visteis esa película aquí o en Barcelona?
6. ¿...................... quiere que pongamos el armario?
7. ¿...................... va a ir a recoger a José al aeropuerto tú o Elena?
8. ¿...................... has recibido carta de Maruja?
9. ¿...................... te pagaron por el coche viejo?
10. ¿...................... pensáis ir de luna de miel?

5. Siga el ejemplo.

Ej.: *1. Este paraguas es de la directora.*
     A. ¿De quién es este paraguas?   B. De la directora.

2. He visto a Reyes.
     A. ....   B. ....
3. Vivo con mis tíos.
     A. ....   B. ....
4. Este regalo es para Mariano.
     A. ....   B. ....
5. Llamé al recepcionista.
     A. ....   B. ....
6. Estaba hablando con el técnico.
     A. ....   B. ....
7. Hablamos de los vecinos nuevos.
     A. ....   B. ....
8. Estoy esperando a unos clientes.
     A. ....   B. ....
9. Estamos viendo al Presidente.
     A. ....   B. ....
10. Vamos a ir a cenar con unos amigos.
     A. ....   B. ....
11. Estoy pensando en mi novio.
     A. ....   B. ....
12. Estoy pensando en el examen de mañana.
     A. ....   B. ....

aciertos___ / 37

6. Complete con A / DE / EN, + QUÉ.

Ej.: 1. *¿De qué color es tu coche?*

2. ¿............ .... número vive Virginia?
3. ¿............ .... hotel habéis estado?
4. ¿............ .... hora llega el tren de Cádiz?
5. ¿.......... .... talla es tu cazadora?
6. ¿............ .... restaurante vamos a comer?
7. ¿............ .... autobús has venido?
8. ¿............ .... colegio van tus hijos?

7. Siga el ejemplo.

Ej.: 1. *¿Tiene los ojos verdes, azules, marrones?*
¿De qué color tiene los ojos?

2. ¿Te levantaste a las 7, a las 7.30, a las 8.15?
¿...?
3. ¿Tu novia tiene 20 años, 21, 22?
¿...?
4. ¿Tu vestido nuevo es verde, azul, negro?
¿...?
5. ¿Tus vaqueros son de la talla 40, 42, 44?
¿...?
6. ¿Tú mides 1.70, 1.80 o 1.85?
¿...?
7. ¿Te gustan los libros policíacos, de amor, filosóficos?
¿...?
8. ¿Este llavero es de Ana, de Juan, de Luis?
¿...?
9. ¿Esta obra de teatro es de Shakespeare, Valle-Inclán, Ibsen?
¿...?

aciertos__ / 15

8. Formule preguntas para estas respuestas.

Ej.: 1. A. *¿Cuántos años tienes?*
B. *Veintidós, ¿y tú?*

2. A. ¿..?
B. Sí, un niño y una niña.
3. A. ¿..?
B. Desde una cabina.
4. A. ¿..?
B. ¿Esta tarde? Me parece que voy a ir a casa de Paula.
5. A. ¿..?
B. Nada, sólo estoy un poco cansado.
6. A. ¿..?
B. Para recoger a unos amigos del aeropuerto.

7. A. ¿...?
    B. El 8673154.
8. A. ¿...?
    B. Es de mi primo.
9. A. ¿...?
    B. No, no sé quién dices.
10. A. ¿...?
    B. Me gusta más el té que el café.
11. A. ¿...?
    B. He comido con mi padre.
12. A. ¿...?
    B. Me da igual la hora.
13. A. ¿...?
    B. Del dentista.
14. A. ¿...?
    B. Me da igual el sitio.

Tema 34. Puntuación total __ / 80

Recapitulación: *INDEFINIDOS*

Observe

1-a ¿Ha venido hoy **alguien** a cobrar?

No, menos mal, **hoy no ha venido nadie** a cobrar

1-b ¿Ha venido hoy **algún cobrador**?

No, menos mal, hoy **no ha venido ningún cobrador**

2-a ¿Quiere tomar **algo**?

No, gracias, no me apetece **nada**

2-b ¿Quiere tomar **algún** bocadillo?

No, gracias, ahora no

forma

INDEFINIDOS

Invariables	Variables
Para personas **ALGUIEN / NADIE**	**ALGUN(O) / NINGUN(O)** **(-A , -OS, -AS) (-A, -OS, -AS)**
Para cosas **ALGO / NADA**	**DEMASIADO, -A, -OS, -AS**
	BASTANTE, -S

.... USO ....

1. Indefinidos invariables

1. **Alguien** y **nadie** se refieren a personas, son invariables y van con verbo en singular:

     A. ¿**Ha venido** ya **alguien** a cobrar?
     B. No, todavía **no ha venido nadie**.

2. **Algo** y **nada** se refieren a cosas, y son invariables:

     A. ¿Quiere Vd. tomar **algo**?
     B. No, gracias, ahora no quiero **nada**.

3. **Alguien, nadie, algo** y **nada** pueden acompañar a adjetivos:

     ¿Han invitado a **alguien importante**?
     En esa familia no hay **nadie guapo**.
     Regálale a Marina **algo original**.
     Esta revista no cuenta **nada interesante**.

2. Pronombres y adjetivos

1. **Algun(o), -a, -os, -as** y **ningun(o), -a** se refieren a personas y a cosas:

     A. ¿Has comprado **alguna revista** de modas?
     B. No, no he comprado **ninguna**.
     Algunos niños son muy pesados.
     ¿Tenéis siete niños y **ninguna niña**?

2. **Algun(o)** y **ningun(o)** pierden la **-o** delante de un nombre masculino singular y entonces llevan tilde:

     Tengo bocadillos. ¿Quiere **alguno**?
     ¿Quiere Vd. tomar **algún bocadillo**?
     A. ¿Ha venido ya **algún cobrador**?
     B. No, todavía no ha venido **ninguno**.
              o
     No, todavía no ha venido **ningún** cobrador.

3. **Alguno, -a, -os, -as** puede usarse en singular y plural; **ninguno, -a** se usan muy poco en plural:

     A. ¿Hay cervezas?
     B. Sí, creo que en la nevera **quedan algunas**.
              o
     Sí, creo que en la nevera **queda alguna**.

4. **Demasiado** y **bastante** pueden ir delante de adjetivo y de adverbio:

     Elena es **demasiado joven** para salir de noche.
     No quiero ir andando, está **demasiado lejos**.
     Ese traje no es **bastante elegante** para la fiesta.
     Pinta **bastante bien**, ¿no te parece?

5. **Demasiado** y **bastante** cuando son invariables suelen ir detrás del verbo:
  *Luis, deja de comer, ya **has comido bastante**.*
  *A Patricia un día le va a pasar algo, **trabaja demasiado**.*

6. **Demasiado, -a, -os, -as** y **bastante, -s** como adjetivos van con un nombre y concuerdan con él:
  *Marcos, les has comprado **demasiados regalos** a los niños.*
  *En esta habitación hay **demasiadas cosas**.*
  *Me parece que has hecho **demasiada comida**.*
  *Este pastel tiene **demasiado azúcar**.*
  *¿Tú crees que tendremos **bastantes sillas** para todos?*

ejercicios

correcciones

1. Complete con ALGO / ALGUIEN.

Ej.: *1. ¿Dice algo interesante el periódico?*

2. ¿Ahí vive .... ?
3. ¿Tienes .... en el horno?
4. ¿Hay .... importante en ese cajón?
5. ¿Quieres .... de beber?
6. ¿Hay .... en esa habitación?
7. ¿Preguntó .... por mí ayer?
8. ¿Tiene .... que declarar?
9. ¿Han oído .... esta noche?
10. ¿Ha llamado .... por teléfono?

2. Conteste con NADA / NADIE.

Ej.: *1. A. ¿Qué has dicho?*
  B. Yo no he dicho nada.

2. A. ¿Quién vive ahí?
  B. ....
3. A. ¿Qué quieres cenar?
  B. ....
4. A. ¿Qué pasó ayer?
  B. ....
5. A. ¿Qué hacéis?
  B. ....
6. A. ¿Quién ha venido tarde?
  B. ....
7. A. ¿A quién has visto en la calle?
  B. ....

aciertos__ / 15

8. A. ¿Qué has tomado?
    B. ....
9. A. ¿Qué has comprado?
    B. ....
10. A. ¿Quién ha gritado?
    B. ....

3. Responda a las preguntas, según el modelo.

Ej.: *1. A. ¿Tienes cigarrillos?*
         B. Sí, creo que me queda alguno.
                    o
         Sí, creo que me quedan algunos.
                    B. No, no me queda ninguno.

2. A. ¿Tienen habitaciones?
          B. Sí, hay ....
                B. No, no hay ....
3. A. ¿Tienes una cerveza?
          B. Sí, quedan.................................... .
                B. No, no queda ....
4. A. ¿Tienes bombones?
          B. Sí, me queda ....
                B. No, no me queda ....
5. A. ¿Hay mesas libres?
          B. Sí, hay ....
                B. No, no hay ....
6. A. ¿Tienen pantalones?
          B. Sí, tenemos ....
                B. No, no tenemos ....
7. A. ¿Has comprado naranjas?
          B. Sí, he traído ....
                B. No, no he traído ....
8. A. ¿Conoces las películas italianas?
          B. Sí, he visto ....
                B. No, no he visto ....
9. A. ¿Tienes alguna foto de tu novio?
          B. Sí, tengo ....
                B. No, no tengo ....

4. Complete con ALGÚN, -A, -OS, -AS o NINGÚN, -A.

Ej.: *1. ¿Tienes algún hijo casado?*

2. ¿Has visto .... vez un árbol gigante?
3. .... niños duermen mal por la noche.
4. Lo siento, no me queda .... carpeta roja.
5. No todas las mujeres trabajan fuera de casa, sólo ....
6. No, no tenemos .... lavavajillas de esa marca.

aciertos___ / 24

7. ¿Tienen .... noticia de sus amigos?

8. .... gente cree que todos los españoles son morenos.

9. Lo siento, no hay .... mesa libre.

10. Tranquilo, no hay .... problema.

11. ¿Hay .... coche en nuestro aparcamiento?

12. ¿Conoces .... hotel bueno en Salamanca?

13. Lo siento, hoy no hay .... autobús para Toledo.

14. .... vestidos le quedan fatal a la Presidenta.

5. Complete las frases con un elemento de la caja A y otro de la caja B.

A	
<u>algún</u>	alguna
algunos	algunas

B		
amigos	países	ropa
<u>dinero</u>	personas	estudiantes
deportes	hoteles	cuadros
gente		

Ej.: *1. ¿Puedes prestarme <u>algún dinero</u>?*

2. .... son estúpidas.

3. Todos no, pero .... son de Miró.

4. En .... no se come pan, se come arroz.

5. He invitado a .... a mi fiesta de cumpleaños.

6. .... no aprobarán el examen.

7. He regalado .... para los países del Tercer Mundo.

8. .... vive muy bien y otra, muy mal.

9. .... son peligrosos, como el parapente o el automovilismo.

10. En la playa hay .... de lujo, que son carísimos.

6. Completa las frases con ALGUIEN / ALGO / NADA / NADIE.

Ej.: *1. A <u>nadie</u> le gusta trabajar en verano.*

2. ¿Sabes .... de tu amiga Clara?

3. A. ¿Quieres .... de beber?

 B. No, gracias, no quiero ....

4. ¿Conoces a .... en Lima?

5. .... me ha robado el reloj.

6. ¿Busca a .... ?

7. Creo que hay .... en la puerta.

8. .... puede hablar todos los idiomas del mundo.

9. ¡Cuidado!, la niña tiene .... en la boca.

10. No hay .... en la cola del cine.

11. Le he prestado a Iván .... de dinero y no me lo ha devuelto.

12. A .... le gustan las guerras.

13. Hay .... que se está quemando en la cocina.

14. ¿Has preparado .... para la merienda?

7. Complete las frases con un elemento de cada caja.

A	B		
bastante bastantes	horas	caramelos	dinero
demasiado, -a, -os, -as	papel	viejo	fruta
	sal	calor	caro
		alta	

Ej.: *1. La comida está muy salada, le has puesto demasiada sal.*

2. Álvaro no es rico, pero gana ....

3.   A. Mamá, me duele el estómago.

     B. Sí, has comido ....

4. ¿Puedes bajar la televisión?, está ....

5. Mi padre trabaja .... Está agotado.

6. Mi abuelo tiene 73 años y es .... para conducir la moto.

7. No tienes que traer uvas, ya tenemos ....

8. No hay .... para envolver los regalos.

9. No puedo comprarme ese chalet, es ....

10. Ahora no podemos salir, hace ....

aciertos___ / 21

Tema 35. Puntuación total ___ / 97

Ejercicios complementarios

libres

y

semilibres

de expresión escrita

1. Responda a estas preguntas con sus propios datos.

a) ¿Cómo te llamas?

....

b) ¿De dónde eres?
c) ¿Qué haces, estudias o trabajas?
d) ¿Cuántos años tienes?
e) ¿Cuál es tu número de teléfono?
f) ¿Estás casado?

....
....
....
....
....

Ahora continúe la serie de preguntas con otras que invente Vd.

....
....
....
....
....
....
....
....
....
....
....
....
....

2. Describa a dos personas que usted conoce, hombre y mujer o niño y niña.

a) ....
....
....
....
....
....
....
....
....

b) ....
....
....
....
....
....
....
....
....

3. Escriba una carta de presentación para entablar correspondencia con una persona de habla española.

4. Escriba un informe sobre las actividades del Sr. Luna, abogado, el día 14 de octubre.

OCTUBRE
14

L	M	M	J	V	S	D
	1	2	3	4	5	6
7	8	9	10	11	12	13
14	15	16	17	18	19	20
21	22	23	24	25	26	27
28	29	30	31			

Stos. Calixto I, p., Donaciano y Gaudencio
Semana 42   **LUNES**   288-78

7.30	Partido de *squash*.
9.00	Juicio de Pedro Fernández.
11.00	Entrevista con el juez Otero.
13.30	Comida de trabajo con los abogados de La Coruña.
16.00	Reunión con los accionistas de la compañía.
19.00	Comprar regalo de aniversario de boda.
21.00	Cena familiar en casa.

....
....
....
....
....
....
....
....
....
....
....
....
....
....
....
....
....
....
....
....
....
....

5. Imagine que quiere viajar de Madrid a Alicante. Escriba tres diálogos:

a) En el mostrador de Información de la estación de Madrid para informarse de los horarios y precios del tren.

....

....

....

....

b) En la taquilla donde se compran los billetes.

.... '

....

....

....

c) Por teléfono para reservar una habitación en un hotel en Alicante.

....

....

....

....

6. Imagine cómo será la vida dentro de 50 años y escriba algunas frases.

Ej.: *Dentro de cincuenta años, habrá vacunas para todas las enfermedades.*

....

....

....

....

....

....

....

....

....

....

....

....

7. *¿Qué ha hecho hoy? Escriba una página de un diario. Puede contar lo que ha hecho realmente, inventarse algunas cosas o todas.*

DOMINGO

Querido diario: ....

....

....

....

....

....

....

....

....

....

....

....

....

....

....

....

....

....

....

8. Escriba una lista de actividades que le gusten y que no.

Ej.: *Me gusta andar por el campo, pero no me gustan los mosquitos.*

....

....

....

....

....

....

....

....

....

....

....

9. Haga comparaciones entre:

a) viajar en tren - viajar en avión
b) vivir en una ciudad - vivir en un pueblo pequeño
c) vivir solo / a- vivir con la familia
d) su país - un país donde hablan español
e) los hombres - las mujeres
f) un político actual de su país - un político actual español
g) ser vegetariano - ser omnívoro

Ej.: *Vivir en un pueblo es más tranquilo que vivir en una ciudad porque en el pueblo no hay tanto ruido y la gente no tiene tanta prisa ...*

a) ....
....
....

b) ....
....
....

c) ....
....
....

d) ....
....
....

e) ....
....
....

f) ....
....
....

g) ....
....
....

10. Escriba algunas frases de cómo era la vida a principios del siglo XX y cómo es a final de siglo. Puede hablar de las ciudades, los trabajos o los adelantos tecnológicos.

....
....
....
....
....
....
....
....
....
....
....
....
....
....

11. Escriba una receta de cocina.

....
....
....
....
....
....
....
....
....
....
....
....
....
....

12. *Escriba consejos y recomendaciones para visitar lo más bonito y destacado de su ciudad o país.*

....
....
....
....
....
....
....
....
....
....
....
....

13. *Imagine que es usted periodista. Va a entrevistar a un personaje famoso (cantante, actor/actriz, político). Prepare una lista de preguntas sobre:*
a) su vida personal: gustos, edad, familia;
b) su profesión: sueldo, planes sobre el futuro;
c) ideas y opiniones sobre el mundo.

....
....
....
....
....
....
....
....
....
....
....
....
....
....
....